Gerhard Freund

Der Fliegerhorst Gelnhausen-Rothenbergen

1935 - 1945

und der

Luftkampf über dem Kinzigtal

Dokumentation

mit freundlicher Unterstützung
der
Kreissparkasse Gelnhausen
Stadt Gelnhausen
Gemeinde Gründau

Märchenstraßen-Verlag

Titelbild:
Schleppflugzeug vom Typ Focke Wulf Fw 44 Stieglitz

**Mein besonderer Dank gilt
Frau Carola Steimer
aus Gründau-Rothenbergen.
Ohne ihre Mithilfe und ihr
Engagement wäre diese
Dokumentation in dieser Form
nicht möglich geworden.**

Gerhard Freund

© by Märchenstaßen-Verlag, 3. unveränderte Auflage 2012
36396 Steinau an der Straße
ISBN 3-924798-11-7
Nachdruck, auch auszugsweise,
nur mit Genehmigung des Verlages
Druck: Druck- und Pressehaus Naumann, Genhausen

Vorwort

Ende März dieses Jahres jährte sich zum 50. Male der Tag, an dem die Rauchschwaden eines brennenden Fliegerhorstes das Ende des Zweiten Weltkrieges im Kinzigtal ankündigten.

Angespornt durch die allgemeine Berichterstattung in den Medien anläßlich des 50. Jahrestages des Kriegsendes, kam in einem kleinen Kreis von Freunden die Idee auf, doch einmal die Vorgänge, die sich quasi vor unserer Haustüre zwischen 1935 und 1945 abgespielt hatten, etwas gründlicher „unter die Lupe zu nehmen."

Rothenbergen, dieser verträumte, kleine, unscheinbare Ort, was hatte der schon mit der Kriegsgeschichte des Zweiten Weltkrieges zu tun? Diese Frage stellt sich wahrscheinlich heute noch so mancher Zeitgenosse. Und wundern sollte man sich darüber auch nicht! Viele Jahre wurde diese Epoche deutscher Geschichte von den „Heimatforschern" ausgeklammert, einfach totgeschwiegen. Vielleicht war es die Angst, den Nachbarn, den man einst bei der SS wußte oder den damaligen Ortsgruppenleiter nachträglich als bösen Mitbürger, der Schuld auf sich geladen hatte, abzustempeln.

Heute, nach mehr als 50 Jahren ist das alles viel einfacher. Vieles ist vergessen und so mancher derjenigen, die seinerzeit mitverantwortlich waren, lebt nicht mehr.

Als gebürtige Rothenbergerin erklärte sich *Carola Steimer* spontan bereit, bei der Erstellung dieser Dokumentation über den Fliegerhorst Gelnhausen-Rothenbergen mitzuhelfen. Sie war einerseits ortskundig und kannte andererseits einige Leute, die damals auf dem Flugplatz gearbeitet hatten oder als Soldaten dort stationiert waren.

Mein persönliches Interesse an diesem Fliegerhorst geht bis in meine Jugendzeit zurück. Immerhin habe ich, wie viele andere auch, auf dem Gelände mein Berufsleben begonnen: Von 1960 bis 1963 mit einer Ausbildung zum Maschinenschlosser in der Firma Wibau. Schon damals wurde uns Auszubildenden erzählt, daß wir auf dem Gelände eines ehemaligen Flugplatzes lernten. Doch genauere Informationen wollte oder konnte man uns nicht geben. Allerdings war vielen bekannt, daß einige wenige Flugplatzgebäude oder Gebäudeteile von der Wibau mitgenutzt wurden. So auch unsere Ausbildungswerkstatt.

Carola Steimer und ich machten uns also auf den Weg, sprachen mit Zeitzeugen, verfolgten neue Spuren der Vergangenheit und zeichneten sie auf. Über eine Pressemitteilung, die von unseren Heimatzeitungen dankenswerterweise ausnahmslos veröffentlicht wurde, meldeten sich weitere Bürgerinnen und Bürger. Wir verfolgten spannende Erzählungen und erhielten zahlreiche Bilder sowie aufschlußreiche Dokumente über die Entstehungsgeschichte und den weiteren Betrieb des Fliegerhorstes Gelnhausen-Rothenbergen.

Allerdings, das möchte ich an dieser Stelle auch nicht verschweigen, es führte auch manche Spur ins Nichts. Man kann eben Menschen nicht zwingen, sich zu erinnern. Damit eines deutlich wird; in dieser Dokumentation soll niemand an den Pranger gestellt werden. Nach unseren Erkenntnissen gab es in dieser Zeit auf dem Fliegerhorst auch keine direkten Kriegsverbrechen, Mißhandlungen von Kriegsgefangenen oder politisch Verfolgter, es sei denn, man reiht die Ausbildung zur Zerstörung und die systematischen Kriegsvorbereitungen in diese Kategorie ein.

Die Berichte der Zeitzeugen werden im wesentlichen so veröffentlicht, wie sie von ihnen aus der Erinnerung nachempfunden wurden. Bitte haben Sie dabei Verständnis dafür, daß vor allem ältere Menschen sich zwar noch ganz gut an gewisse Vorgänge oder Sachverhalte erinnern, diese aber manchmal zeitlich nicht mehr genau einordnen können. Um Wiederholungen zu vermeiden, haben wir einige Aussagen auf das Wesentliche reduziert.

Aus den Erzählungen und den gesichteten Dokumenten läßt sich deutlich ableiten, daß der Fliegerhorst Gelnhausen-Rothenbergen nicht irgendein unbedeutender Landflugplatz mit Segelflugausbildung war, sondern daß auf ihm Ausbildungsgänge mit höchster Geheimhaltungsstufe stattfanden, die direkt dem Reichsluftfahrtministerium in Berlin unterstellt waren. Insofern war der Fliegerhorst von seiner Bedeutung für die deutsche Luftwaffe ein Teil nationalsozialistischer Machtausübung, die bis in die obersten Führungsstrukturen hineinreichte.

Ich habe mich an dieser Stelle bei zahlreichen Bürgerinnen und Bürgern aus nah und fern für ihre konstruktive Mitarbeit zu bedanken. Natürlich zu allererst bei meiner Mitstreiterin *Carola Steimer* aus Rothenbergen, die mir viele Wege öffnete, zahlreiche Informationen zugänglich machte, Bildunterschriften kommentierte und die Dokumentation während ihrer fast eineinhalbjährigen Erstellung mit Rat und Tat begleitete.

Ein besonderer Dank gilt weiterhin Herrn *Friedhelm Wagner* aus Hailer. Er und seine Freunde beschäftigen sich seit Jahren mit Fliegerschicksalen aus dem Zweiten Weltkrieg. Gleichzeitig ist Herr Wagner Hauptinitiator und Mitbegründer des „Museums für Flugzeugtechnik" in Gelnhausen-Hailer.

Wichtige Fakten samt kompletter Ausarbeitung über die geheime Ausbildung der „Bachstelzenflieger" lieferte *Klaus Kuka* aus Freigericht Horbach. Gerade sein Beitrag verdeutlicht, daß der Fliegerhorst Gelnhausen-Rothenbergen nicht irgendein unbedeutender Militärflugplatz während der Nazi-Zeit war. Auch ihm danke ich recht herzlich für seine Unterstützung.

Von Herrn *Senssfelder* aus Wächtersbach, einem ehemaligen Segelfluglehrer auf dem Fliegerhorst, erhielt ich zahlreiche Dokumente und Bilder über die Segelflugausbildung in Rothenbergen. Er war auch bei der Erkennung einzelner Flugzeugtypen behilflich.

Die Verbindungen von Rothenbergen zu dem berühmten deutschen Wissenschaftler und Raketenkonstrukteur, Wernher von Braun, der nach dem Krieg erfolgreich bei der NASA an den Apollo-Weltraumprojekten hauptverantwortlich arbeitete, sowie zu Neil Armstrong, dem ersten Menschen auf dem Mond, stellte *Karl Keß* aus Bad Kissingen her. Herr *Keß* war während des Krieges auf dem Fliegerhorst Gelnhausen-Rothenbergen leitender Gruppenfluglehrer für die Umschulung von Motor- zu Segelfluglehrern innerhalb des gesamten „Reichsgebietes". Einige Jahre nach dem Krieg übernahm er die Leitung der Segelflugschule auf der Wasserkuppe. Auch ihm ein herzliches Dankeschön.

Ein besonderer Dank gilt auch einem noch berufstätigen Flugkapitän, der sich sehr mit der Geschichte des Fliegerhorstes in Rothenbergen befaßte und der mir zahlreiche Bilder aus seiner Sammlung zur Verfügung stellte: *Dietrich Schwacke* aus Gelnhausen.

Henriette Zeul aus Neuenhaßlau bereicherte diese Dokumentation mit einem Fliegerschicksal, an dem sie selbst maßgeblich beteiligt war und das für einen der betroffenen Piloten ausnahmsweise einmal glücklich endete. Herzlichen Dank!

Es gäbe noch vielen Mitbürgerinnen und Mitbürgern für ihre Mitarbeit zu danken. Eine Liste derer, die mich bei meiner Arbeit tatkräftig unterstützt haben, finden Sie am Schluß des Buches.

Abschließend möchte ich es nicht versäumen, der Kreissparkasse Gelnhausen für ihr Sponsoring zu danken. Ohne ihre Unterstützung hätte diese Dokumentation nicht in dieser umfangreichen Form erscheinen können.

Den Leserinnen und Lesern wünsche ich das nötige Verständnis bei der Bewältigung eines Stückchens unserer lebendigen Heimatgeschichte.

Ihr
Gerhard Freund

Der Fliegerhorst Gelnhausen-Rothenbergen

Tarnobjekt: „Deutsche Verkehrs-Fliegerschule in Rothenbergen"

In den Köpfen der nationalsozialistischen Militärstrategen reiften nach der Machtübernahme im Jahre 1933 schon sehr bald Pläne für eine flächendeckende Bestückung des Reichsgebietes mit Flugplätzen. *Hitler* wollte schon damals für einen wirkungsvollen Angriffskrieg gegen seine unmittelbaren europäischen Nachbarn den Ausbau der Luftwaffe zu einem schlagkräftigen Kriegsinstrument. Doch die Bevölkerung sollte zunächst nichts von der klammheimlichen Aufrüstung erfahren, die durch den „friedliebenden Führer" insgeheim veranlaßt wurde.

Und so hatten bereits im Jahre 1934 im Reichsluftfahrtministerium Pläne Gestalt angenommen, die in Rothenbergen einen Fliegerhorst vorsahen. Die Auswahl fiel den Militärs nicht schwer, denn unweit dieses geplanten Standortes lag oben im Spessart bei Lettgenbrunn und Villbach eine Gelände, das bereits für die Vorbereitungen zum Ersten Weltkrieg als Truppenübungsplatz herhalten mußte.

Doch die gesamte Planung dieses militärischen Projektes lief unter einem Tarnobjekt an. Das Rothenberger Vorhaben wurde der Öffentlichkeit als „Deutsche Verkehrsfliegerschule", einer Einrichtung des „Deutschen Luftsportverbandes" vorgestellt. Ein Vorkommando der künftigen „Fliegerschule" kam dann auch schon Ende 1934 und richtete in den oberen Räumen des Gasthauses „Faß" ein Planungsbüro ein. Ebenfalls zur Tarnung war dieses Planungsbüro der „Deutschen Verkehrs-Fliegerschule" natürlich zunächst nur mit Zivilisten besetzt. Hinter vorgehaltener Hand wurde dennoch schon bald davon gesprochen, daß

Modell von den Gebäuden des Fliegerhorstes Gelnhausen-Rothenbergen.

es sich hier um eine Dienststelle des Reichsluftfahrtministeriums handeln müsse.

Wie eng die Planungen des Fliegerhorstes in Rothenbergen mit den Vorbereitungen für einen Bombenabwurfplatz im Spessart oberhalb Bad Orbs verquickt waren, geht aus der Tatsache hervor, daß der Leiter des Rothenberger Büros, ein Herr *Eichholz*, gleichzeitig die Räumung des Spessartgeländes betrieb. So beantragte *Eichholz* bereits am 27. April 1935, daß die Toten des Friedhofes der Gemeinden Lettgenbrunn-Villbach umgebettet werden sollten - frei nach der Devise: zuerst die Toten, dann die Lebenden!

Doch die Planungen forderten schon bald ihr erstes Opfer: Ingenieur *Alfred Martin* aus Kaltennordheim/Rhön stürzte in den Abendstunden des 8. Mai 1935 an der Kinzigbrücke die Böschung hinunter und kam dabei um. Er gehörte als Bauführer zum Mitarbeiterstab des Planungsbüros der „Deutschen Fliegerschule".

Schon Anfang 1935 hatte das Planungsbüro die Übernahme des gesamten Geländes vorbereitet. Die Enteignung der Wiesen und Felder traf die Bauern in Lieblos und Rothenbergen besonders hart, obwohl sie als Ersatz Grundstücke in Neuenhaßlau, z.B. in der Gemarkung „Haselweiher", erhielten. Zuvor hatte *Göring* als Oberbefehlshaber der deutschen Luftwaffe auf der Suche nach geeigneten Flugplätzen auch das Gelände in den Kinzigwiesen besichtigt. Er fand das Gelände für geeignet und stimmte in diesem Zusammenhang auch den Plänen für den Bombenabwurfplatz im Spessart zu. Damit nahmen die Ereignisse ihren Lauf.

Bombenabwurfplatz Bad Orb

Einem Zeitungsbericht vom 27. März 1935 zufolge landet auf dem noch nicht fertiggestellten Fluggelände in Rothenbergen zu diesem Zeitpunkt das erste Flugzeug. Es handelt sich dabei um einen kleinen Eindecker der Marke Klemm. Die beiden Insassen: Hauptmann *Knappe* und Ingenieur *Klein*. Sie sind an diesem Tag mit Landrat *Kausemann* verabredet. Anschließend fahren alle drei über Bad Orb hinauf in den Spessart nach Lettgenbrunn-Villbach um das Gelände für den Bombenabwurfplatz zu besichtigen.

Tags darauf trifft der spätere Chef des Generalstabes der Luftwaffe, General *Kesselring,* ebenfalls in Rothenbergen ein. Er übernimmt offiziell das Gelände der „Deutschen Verkehrs-Fliegerschule" in den Bereich der Luftwaffe als „Fliegerhorst Gelnhausen" in Rothenbergen.

Per Gerichtsbeschluß vom 15. März 1935 werden die Einwohner von Lettgenbrunn-Villbach aufgefordert, bis spätestens 15. April 1935 ihre Gehöfte und Häuser zu verlassen und in die zugewiesenen Unterkünfte umzuziehen. Aber die Einwohner wollen ihren Besitz nicht freiwillig aufgeben, ihre liebgewonnenen Heimatorte nicht verlassen. Landrat *Kausemann* droht mit Schreiben vom 6. Mai den noch Verbliebenen mit Zwangsräumung. „Einzelne Handlungen zwingen mich zu der Annahme," schrieb er den Einwohnern, „daß bei einem Großteil der Bevölkerung mit einer freiwilligen Räumung nicht zu rechnen ist. Ich mache deshalb darauf aufmerksam, daß die Räumung nunmehr zwangsweise begonnen wird."

Aus diesen militärischen Zusammenhängen geht eindeutig hervor, daß die Errichtung des Fliegerhorstes Gelnhausen-Rothenbergen in unmittelbarem Zusammenhang mit dem Bombenabwurfplatz Lettgenbrunn-Villbach stand. Obwohl *Hitler* zu dieser Zeit nach außen hin immer wieder seinen Friedenswillen bekundete, liefen schon damals die Vorbereitungen für einen Angriffskrieg. Der Fliegerhorst im Kinzigtal sollte dabei einerseits der Grundausbildung für ständigen Pilotennachwuchs dienen, andererseits sollte er als zentraler Standort die Piloten der Luftwaffe zur gezielten Bombardierung in zweiwöchigen Übungslehrgängen schulen.

Mit der Evakuierung der Bevölkerung von Lettgenbrunn-Villbach ging gleichzeitig der fieberhafte Ausbau des Fliegerhorstes Gelnhausen-Rothenbergen einher. Aus Tarnungsgründen wurden die Horst-Gebäude im Fachwerkstil der örtlichen Bauweise angeglichen und an den Ortsrand angeschlossen. Kasernenartige Großblocks wurden vermieden, um aus der Luft den Eindruck zu erwecken, als handele es sich um die Fortsetzung einer geschlossenen Ortschaft.

Trockenlegen der Kinzigwiesen für das Flugfeld

Das alljährliche Hochwasser der Kinzig überschwemmte natürlich auch das ausgewählte Flugplatzgelände. Die Militärs ließen aus diesem Grund die Kinzig in diesem Bereich regulieren und begradigen. Das Fluggelände wurde mit einem Damm gegenüber der Kinzig vor Überflutung gesichert. Wohl das Kostspieligste war die wirkungsvolle Entwässerung des Fluggeländes, da im Kinzigtal in unmittelbarer Nähe des Flusses der Grundwasserspiegel relativ hoch lag. Ein weitverzweigtes Drainagenetz sammelte das Grund- und Oberflächenwasser auf und leitete es in ein großes Sammelbecken. Von dort aus wurde es in einen Vorflutgraben gepumpt – es war der wiederhergerichtete alte

Blick auf das Flugfeld mit Werft und Hangar

„Flachsgraben" – und unter der Niedermittlauer Straße hindurch in die Kinzig geleitet.

Das Drainagenetz verschlang weit mehr als 100.000 Meter Rohrleitungen. Damit kostete die Trockenlegung des Fluggeländes allein schon über eine Million Reichsmark. Pläne darüber gibt es nicht mehr. Durch die Zerstörungen im Jahre 1945 dürfte sich noch heute unter der Grasnarbe ein weitverzweigtes, aber chaotisches Labyrinth an Tonrohren befinden.

Bereits Anfang 1936 traf das Führungskommando mit dem Bodenpersonal in Rothenbergen ein. Hauptmann *Naubereit* und Hauptmann *Wehinger* trieben die Vorbereitungen zur Einrichtung einer Horstkompanie voran. *Wehinger* war dann auch der erste Kommandant des Fliegerhorstes bis zum Mai 1937.

Der Fliegerhorst Gelnhausen-Rothenbergen ist fertiggestellt

Am 1. Oktober 1936 konnten die ersten Luftwaffen-Soldaten die neuerrichteten Unterkünfte beziehen. Sie wurden von Garnisonen in Bremen, Hamburg und Celle zur Fliegerhorst-Kompanie nach Rothenbergen versetzt. Sie alle hatten bereits ein Jahr Grundausbildung bei der Infanterie bzw. in der Landespolizei-Schule Hamburg abgeleistet und wollten nun bei der Luftwaffe Flieger, Funker, Beobachter oder Wartungsmechaniker werden. Im Dezember 1936 wurde die Horstkompanie durch Kraftfahrer der „Kraftfahrschule Hermsdorf" ergänzt.

Soldaten- und Staffelunterkünfte

Der gesamte Gebäudekomplex des Fliegerhorstes Gelnhausen-Rothenbergen war im Jahre 1937 fertiggestellt. Er bestand aus den Unterkünften für das Bodenpersonal und die Nachrichtenabteilung, den Staffelunterkünften für das fliegende Stammpersonal, den Unterkünften für die ständig wechselnden Lehrgangsteilnehmer, den Offiziersunterkünften, dem Kasinobau, dem Sanitätsbereich sowie dem Wirtschaftsgebäude mit Küche, Speisesälen und Kantine.

Der militärische und fliegerische Bereich verfügte über eine große Flugzeughalle als Werft, Werkstätten und Kraftfahrzeughallen, unterirdische Munitionsbunker und drei Großtankstellen mit

Soldaten- und Staffelunterkünfte

Antrete- oder Appellplatz mit Soldatenunterkünften

Soldatenunterkünfte und Verwaltungsgebäude

einer Lagerhaltung von mehreren hunderttausend Litern Flugzeugtreibstoff. Und auch eine Arrestzelle zur Durchsetzung militärischer Disziplin durfte natürlich nicht fehlen. Sie befand sich im Wachhaus direkt am Horsteingang, und zwar in dem Gebäude, in dem die Gaststätte „Zur Alten Wache" heute noch an den Flugplatz erinnert.

Im Jahre 1937 kam zu der Horstkompanie noch eine Luftnachrichten-Abteilung hinzu. Das nach Fertigstellung der Anlage auf dem Fliegerhorst und dem Bombenabwurfplatz verbliebene Zivil-Stammpersonal soll zeitweise bis zu 250 Personen betragen haben. Die Horstkompanie selbst hatte nach Zeitzeugenaussagen eine Stärke von etwa 100 Soldaten. Der Flugplatz war anfänglich sogar „Leithorst" für die damals noch nicht fertiggestellten anderen Flugplätze im Rhein-Main-Gebiet.

Eingang zum Fliegerhorst mit Wachhaus rechts (Alte Wache), am Straßenende Offizierskasino und Heizgebäude links, davor als Wachsoldat Herr Heinrich Faß und Frau Kranz

Die Alte Wache

Das Offizierskasino

Blick auf die Kantine

Blick von der Kantinenterrasse auf die Unterkünfte

Kommandantur und Verwaltung

Kommandantenhaus (rechts) und Zahlmeisterhaus

Heizungsgebäude mit Werft (links)

Südseite der Wache und der Kantine

Authentischer Übersichtsplan des Fliegerhorstes Gelnhausen (Rothenbergen)

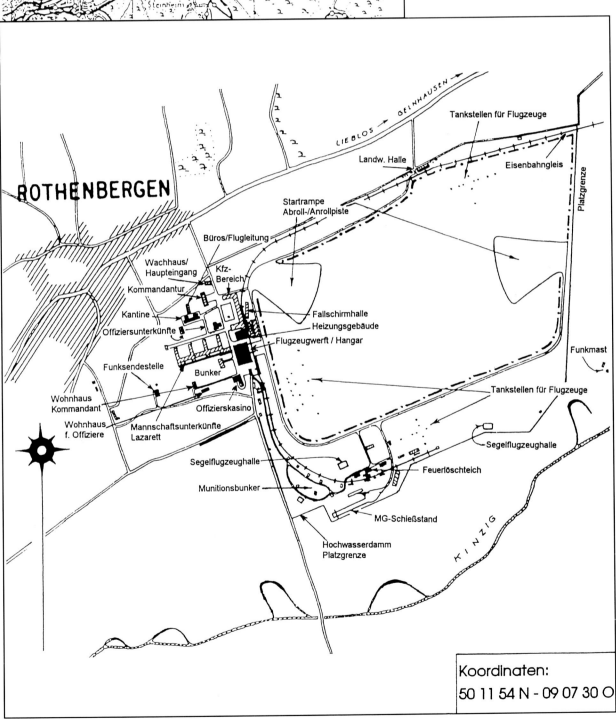

Koordinaten:
50 11 54 N - 09 07 30 O

Erste Schießübungen bei Lettgenbrunn-Villbach

Die militärischen Operationen begannen im Kinzigtal allerdings schon vor der endgültigen Fertigstellung der Fluganlage in Rothenbergen. Nachdem die Einwohner von Lettgenbrunn-Villbach endgültig aus ihren Häusern vertrieben worden waren, ging es Schlag auf Schlag. Mit Schreiben vom 25. Oktober 1935 an den Landrat des Kreises Gelnhausen ordnete das Reichsluftfahrtministerium in Berlin folgendes an:

„Ich bitte, die über den Abwurfplatz führenden beiden großen öffentlichen Straßen für den öffentlichen Verkehr zu sperren. Die militärischen Interessen vertragen es nicht, daß jeder Strassenbenutzer nach Belieben Einblick in die dort im Bau befindlichen Anlagen nehmen kann.... Im Auftrage gez. Dr. Untrieser"

Am 3. Dezember 1935 ordnete das Luftkreiskommando IV in Münster/Westfalen dann u.a. folgendes an: *„.....Ein Niederreissen irgendwelcher Anwesen in Lettgenbrunn-Villbach kann nicht gestattet werden. Sämtliche Gebäude müssen – ohne Rücksicht auf ihre Bauart – als Zielobjekte dienen. Gegen das Ausbauen einzelner Teile wie Ziegel, Türen, Fenster usw. bei einigen Gebäuden ist nichts einzuwenden...."*

Die Bewohner von Lettgenbrunn-Villbach wurden aus ihren Häusern vertrieben

Bereits am 27. und 28. Januar 1936 und danach im März 1936 ließ die Fliegerhorst-Kommandantur Giebelstadt bei Würzburg, der Rothenbergen anfänglich unterstellt war, das Gelände für Übungszwecke sperren. Vom 27.-30. April fand daraufhin ein größeres Artillerie-Übungsschießen statt. Offiziere und Mannschaften bezogen in dieser Zeit ihre Quartiere in Burgjoß, Oberndorf und Pfaffenhausen. Und das Kampfgeschwader 155 Giebelstadt führte vom 17. - 21. August 1936 auf dem „Bombenabwurfplatz Orb" – so hieß das Übungsgelände offiziell – ein scharfes Bombardieren und Beschießen durch.

Beobachtungsbunker auf dem Beilstein

Mitten in einem einmaligen Naturschutzgebiet mit zahlreichen Pflanzenarten, die schon damals in Mitteleuropa zu den Raritäten in der Botanik zählten, ließen die nationalsozialistischen Militärstrategen auf dem „Beilstein" einen Beobachtungsbunker errichten. Auf der Ruine, der aus dem Jahre 1343 stammenden Burg, von der aus man einen weiten Rundblick hatte, entstand dieser schwere Beobachtungsbunker. Noch heute liegen die massigen Betonquader auf dem Gipfel des nach dem Kriege gesprengten Bunkers. Weitere Beobachtungsbunker wurden in der Nähe der späteren Gaststätte „Jagdhaus Horst" und am Waldrand westlich von Villbach angelegt. In der alten Scheune des jetzigen Restaurants „Heustadl" wurden die großen Schießattrappen aus Spanplatten von Arbeitskommandos gefertigt. Es ist sehr wahrscheinlich, daß für diese Arbeiten auch Gefangene aus dem „Lager Wegscheide" herangezogen worden sind.

Große Herbstmanöver im Jahre 1936 – Hitler auch im Kinzigtal

Vom 10. bis 18. September 1936 fanden im Raum Würzburg bis in den nordhessischen Raum bei Fritzlar mehrere Manöver statt. Unmittelbar im Anschluß daran lief die große Herbstübung des IX. Armeekorps unter der Leitung des Oberbefehlshabers der Gruppe 2, des Generals *Ritter von Leeb*, in der Zeit vom 18. bis 25. September vom Raum Aschaffenburg bis in den Bereich Treysa ab. Im Verlauf dieses Manövers waren in fast allen Orten des Kreises Gelnhausen Truppenteile stationiert. So lagen in Rothenbergen fast 400 Soldaten vom 2. Bataillon des 41. Infanterie-Regimentes aus Amberg. Zur Schlußbesprechung trafen sich die verantwortlichen Militärs im Schloß Birstein.

Herbstmanöver 1936: Hitler mit seinem Führungsstab im Vogelsberg

Natürlich ließ sich auch *Hitler* als Oberbefehlshaber der deutschen Wehrmacht seinen gut inszenierten Auftritt während dieser Großübung nicht nehmen. Gleich zweimal nahm er den Vorbeimarsch der Truppen ab: Am Weiherhof und an der B 40 in der Nähe der Wächtersbacher Kinzigbrücke. Im Anschluß daran fuhr er mit seinem Stab und unter Begleitung hoher Militärs, zu denen u.a. *Hermann Göring*, Generaloberst *von Blomberg* mit hohen Generälen sowie *Baldur von Schirach* gehörten, zum Fliegerhorst nach Rothenbergen. Dort stand die „Führermaschine", eine Ju 52, der man vorher durch das Auslegen von Stahlmatten das Landen auf dem noch nicht fertiggestellten Rollfeld ermöglicht hatte, zum Abflug bereit. Selbstverständlich machten auch die hessischen Nazigrößen wie Gau-

Auch der Oberkommandierende der Luftwaffe, Göring, nahm am Herbstmanöver 1936 teil

propagandaleiter *Müller-Scheld* und SA-Obergruppenführer *Beckerle* dem „Führer" ihre Aufwartung.

Die heute 72 jährige Frau *Wilhelmine Böhmer* arbeitete damals als Verwaltungsangestellte auf dem Fliegerhorst. Sie erinnert sich an dieses Herbstmanöver:

„Zum Abschluß tauchte ‚der Führer' zur Inspektion auf. Hitler kam mit seinem Gefolge in der Staatskarosse auf der heutigen Bundesstraße von Lieblos her." In Rothenbergen und auf dem Flugplatz sei es mucksmäuschenstill gewesen. Tags darauf habe die Lokalpresse von den begeisterten „Sieg-Heil-Rufen" der Bevölkerung und der Soldaten berichtet, mit denen *Hitler* angeblich begrüßt worden sein soll.

Später sei, so erinnert sich Frau *Böhmer* weiter, der Chef des Generalstabes der Luftwaffe, General *Kesselring*, ab und an zur Visite im Fliegerhorst erschienen.

Hitler ließ sich mit seiner Karosse zum Abflug nach Rothenbergen fahren

19

Zeit der Aufmärsche: Das Nazi-Regime demonstrierte auch in der Garnisonsstadt Gelnhausen seine militärische Macht.
Bild oben: 1. Mai 1937

Bomberpiloten üben zielsicheren Abwurf

Nach der Fertigstellung des Flugfeldes im Jahre 1937 trafen, meist im 14-tägigen Rhythmus, die Bomberstaffeln in Rothenbergen ein. Im Einsatz waren dabei überwiegend die Flugzeugtypen der Junkersreihe Ju 86 und 88, die Me 109 von Messerschmidt und die Heinkel He 111. Tägliches Angriffsziel: Der „Bombenabwurfplatz Bad Orb" mit den Dörfern Lettgenbrunn und Villbach. Allmählich glich das gesamte Spessartgebiet einer einzigen Kraterlandschaft.

Am Eingang zur Hindenburgstraße auf der Wegscheide befand sich das Wachlokal, ein Blockhaus, in dem die Wachhabenden untergebracht waren. Sie wurden allesamt vom Fliegerhorst Rothenbergen abgestellt. Anfänglich mußten die Soldaten zum Abschirmen des Übungsgeländes während des Bombenwerfens einen Fußmarsch von ca. 6 km zurücklegen. Später erhielten die Wachmannschaften Fahrräder.

Die jungen Piloten riskierten Kopf und Kragen

„Die wetteten abends im Offizierskasino, wer am nächsten Tag die Scheibe am besten trifft. Und wer tags darauf am schlechtesten schoß, der mußte abends einen ausgeben," erzählt *Matthias Hoffmann* aus Rothenbergen. Er meinte damit die jungen Piloten, die im Tiefflug mit ihren Jagdflugzeugen über das Übungsgelände bei Lettgenbrunn düsten und mit ihren Bord-MG's auf die Schießscheibe ballerten.

„Einige flogen so tief, daß sie mit ihren Maschinen die Schießscheibe fast berührten. Die haben sogar einen Absturz riskiert," so Herr *Hoffmann* weiter, *„denn jeder wollte der Beste sein."* Abends, im Offizierskasino des Fliegerhorstes, sei über so manche waghalsige Aktion bei Sekt und guter Laune berichtet und diskutiert worden.

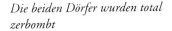

Die beiden Dörfer wurden total zerbombt

Herr *Matthias Hoffmann* aus Rothenbergen war gemeinsam mit den jungen Männern *Peschel* und *Finnern* im Jahre 1936 nach Rothenbergen gekommen. Sie waren zuvor an der Kraftfahrzeugschule Hermsdorf ausgebildet worden und traten damals auf den Fliegerhorst ihren Dienst an.

Vor dem Krieg seien auf dem Flugplatz kaum Flugzeuge stationiert gewesen. Er könne sich überhaupt nur an eine einzige einmotorige Maschine erinnern. So richtiger Flugbetrieb habe immer dann geherrscht, wenn über dem Bombenabwurfplatz oben im Spessart bei Villbach und Lettgenbrunn Übungen angesagt waren. Dann wären die Bomberstaffeln aus Giebelstadt, Altenstadt oder von anderen Flugplätzen hier gelandet. Mit den Flugzeugen seien außer den Piloten noch die Techniker zum Warten der Maschinen und weiteres Bodenpersonal mitgekommen, so Herr *Hoffmann*.

Das Betanken der Maschinen mit Flugbenzin sei durch Umpumpen aus Fässern, die oberirdisch auf dem Fliegerhorst gelagert waren, erfolgt.

Herr *Hoffmann* erinnert sich, daß die Flugzeuge auf dem Fliegerhorst mit Übungsbomben aus Zement beladen wurden. Dann starteten die jungen Piloten zum Flug über den Spessart oberhalb von Bad Orb. Auf dem Übungsgelände um Villbach und Lettgenbrunn lag unter anderem ein großes Holzkreuz. Auf dieses übte die Flugzeugbesatzung den genauen Zielabwurf. Im hinteren Teil der Zementbombe war ein Glasröhrchen mit irgendeiner Säure eingelassen, das beim Aufschlag zerbarst und ein Rauchwölkchen hinterließ. Auf diese Weise konnten die Beobachtungsposten auf den Türmen oder in den Bunkern die genaue Aufschlagstelle ausmachen. Die Treffergenauigkeit wurde den Piloten von dort aus per Funk übermittelt.

Normalerweise dauerten diese Übungsflüge jeweils 8-14 Tage. Scharf wurde immer dann geschossen, wenn sich höhere Militärstrategen angesagt hatten – Generäle oder Offiziere der obersten Luftflotte. Dann wurden die Häuser von Villbach und Lettgenbrunn „kurz und klein" gebombt und das Übungsgelände in eine Kraterlandschaft verwandelt.

Die Junkers Ju 86 vom Kampfgeschwader K6 254 flogen 1938 Übungseinsätze zum Bombenabwurfplatz Bad Orb

General Sperrle schlägt sein Hauptquartier in Bad Orb auf

Matthias Hoffmann erzählt, daß er den Generalfeldmarschall Sperrle, Chef der Luftflotte 3, ab 1940 öfters auf dem Fliegerhorst in Rothenbergen gesehen hatte. Im Jahre 1942 wurde Herr *Hoffmann* vom Fliegerhorst Gelnhausen-Rothenbergen abkommandiert.

In der Tat war vor Beginn des Frankreichfeldzuges der Stab der 3. Luftflotte mit den Maschinen des Luftflottenchefs, des späteren Generalfeldmarschalls *Sperrle*, in Rothenbergen stationiert. *Sperrles* Hauptquartier befand sich zu diesem Zeitpunkt im Kurhaus von Bad Orb.

Herr *Rolf Kötter* aus Linsengericht-Altenhaßlau war von 1936 bis 1942 als Rechnungsführer und mit anderen Aufgaben in der Standortverwaltung des Flugplatzes betraut. Er erinnert sich daran, daß General *Sperrle* auf dem Fliegerhorst ständig ein bis zwei Flugzeuge des Types Ju 52 für den Fall stehen hatte, daß er zum Führerhauptquartier nach Berlin gerufen wurde.

Die beiden Ju 52 auf dem Fliegerhorst. Mit einer flog auch Hitler mit seinem Führungsstab nach Berlin zurück

Flugzeugunfälle auf dem Horst

Ju 86 raste beim Start in eine Baubude

Walter Hasenbein wohnte vor dem Krieg in Hanau-Kesselstadt in der Kastellstraße „Am Weihergraben. Heute lebt er mit seiner Frau in Zeppelinheim. Während des Zweiten Weltkrieges ehrte man ihn mit fast allen Auszeichnungen, die man als Flieger erhalten konnte. Er war zu Beginn des Krieges in der Legion Condor in Spanien eingesetzt, flog später Einsätze an den unterschiedlichsten Fronten.

Eine Ju 86-Maschine, geflogen von Walter Hasenbein 1937/38

Nach dem Krieg holten ihn die Amerikaner zum Flugplatz nach Langendiebach. Er war dort einige Jahre „Administrator", also Chef der Flugplatzverwaltung. Im Laufe seines Lebens hatte er beruflich immer wieder mit der Fliegerei zu tun. Vor seiner Pensionierung bestellte ihn das Hessische Innenministerium zum Lärmschutzbeauftragten für den Frankfurter Flughafen. In dieser Eigenschaft legte er u.a. die Einflugschneisen für die Landeanflüge fest.

Mit dem Fliegerhorst Gelnhausen-Rothenbergen verbindet *Walter Hasenbein* ein dramatischer Zwischenfall, der ihm und seiner Besatzung beinahe „Kopf und Kragen" gekostet hätte.

„Ich war auf dem deutschen Luftwaffenstützpunkt in Diepholz stationiert. Ab und zu mußten wir nach Gelnhausen-Rothenbergen jeweils eine Woche ins Manöver, um das Abwerfen von Bomben zu üben. So auch im Sommer 1937. Wir flogen regelmäßig zum

Ju 86 Geschwader fotografiert aus der Maschine von Walter Hasenbein

Übungsgelände hinauf nach Villbach und Lettgenbrunn. An Bord hatten wir 50 kg schwere Zementbomben.

Einmal sollten wir jedoch zu einem Verbandsflug nach Einring starten. Ein Flugverband bestand aus drei Flugzeugen, der Führungsmaschine und schräg versetzt dahinter aus dem sogenannten „linken und rechten Kettenhund". In Rothenbergen waren die Startbedingungen für einen Verbandsflug nicht einfach, weil die Rasenstartbahn relativ schmal war.

Rund um das Flugfeld wurde ein paar Wochen vorher eine Rollbahn aus Beton angelegt, weil die Flugzeuge nach der Landung bei schlechtem Wetter immer im Morast stecken blieben. Die Baubude dazu stand noch vor der einzigen Flugzeughalle. Als unsere Motoren vor dem Start dröhnten, verließen die fünf oder sechs Bauarbeiter diese Holzhütte, um uns beim Start zuzuschauen, denn immerhin kam es nicht alle Tage vor, daß drei große Militärmaschinen in Rothenbergen gleichzeitig aufstiegen. Das war ihr Glück! Ich flog eine Ju 86. Die hatte noch zwei Rohölmotoren des Types Jumo 205. Als „linker Kettenhund" ordnete ich mich links hinter dem Führungsflugzeug zum Start ein. Unsere Besatzung bestand aus vier Soldaten: aus mir als Flugzeugführer, aus dem Navigator und dem Bordfunker sowie dem Bordmechaniker.

Eine Ju 52 kollidiert auf dem Horst mit einem Tankwagen

Aufgrund der Windverhältnisse mußten wir in Richtung der Flugzeughalle starten. Während des Startes saugten die beiden Motoren der Ju 86 die Umluft des Flugzeuges an, damit kein Sand in das Getriebe kam. Beim Abheben von der Startbahn mußte der Bordmechaniker den Schalter auf Außenluft umstellen.

Bruchlandung eines Schulgleiters SG 38 auf dem Flugfeld in Rothenbergen

Wir rollten langsam an, wurden immer schneller und schneller. Kurz vor dem Abheben passierte dem Bordmechaniker ein verhängnisvoller Fehler. Statt beide Motoren auf Außenluft umzustellen, schaltete er den rechten Motor auf ‚Aus'. Der blieb auch sofort stehen. Ich reagierte sofort, brach den Startvorgang ab und nahm den linken Motor ebenfalls zurück. Wir rasten auf die Flugzeughalle zu. Nur mit Mühe konnte ich die Geschwindigkeit auf dieser Distanz herunterdrosseln. Mit der linken Tragfläche schmiß ich die Baubude um und blieb schließlich an dem Betonrand der neuen Rollbahn hängen, die etwa 15-20 cm aus der Grasnarbe herausragte. Die Bauarbeiter hatten Glück, daß sie nicht in ihrer Bude gesessen hatten und auch wir waren mit dem Schrecken davongekommen. Das Flugzeug war nur leicht beschädigt. Dennoch, mit dem Vorführungsflug nach Einring wurde es nichts. Die beiden anderen Maschinen sind wenig später wieder auf dem Flugfeld des Fliegerhorstes gelandet." Soweit der Zeitzeugenbericht von Herrn *Walter Hasenbein* aus Zeppelinheim.

Landung eines Seglers „Grunau Baby 2 A" außerhalb des Flugfeldes.

Tanklager in Neuenhaßlau

In enger Verbindung zum Fliegerhorst stand das Lufttanklager in Neuenhaßlau. Der dort gelagerte Treibstoff wurde mit Transportflugzeugen, die auf dem Fliegerhorst landeten, westwärts zur Frankreichoffensive geflogen. Aber auch der Eigenbedarf auf den Flugplätzen in Langendiebach und Rothenbergen wurde aus den Beständen des Tanklagers gedeckt.

Herr *Heinrich Reußwig,* der auf dem Fliegerhorst in Rothenbergen in der Werkstatt beschäftigt war, erinnert sich an das Tanklager in Neuenhaßlau: *„Dort standen 7 - 8 große Kessel. Das Flugbenzin wurde zunächst zu einer bestimmten Zusammensetzung gemischt und dann von Neuenhaßlau in Tankwagen mit einer Kleinbahn zum Bahnhof nach Langenselbold gebracht. Von dort aus wurde es auf die Fliegerhorste nach Langendiebach und Rothenbergen rangiert."*

Doch bevor der Zweite Weltkrieg ausgebrochen war, passierte im Kinzigtal über der Altstadt von Gelnhausen etwas ganz Furchtbares.

Flugzeug He 111 stürzt mit tödlicher Fracht in die Gelnhäuser Altstadt

Nach dem Start Motorschaden

Über dem Kinzigtal liegt eine brütende Hitze. Wir schreiben Mittwoch, den 7. Juni 1939. Kurz nach 17 Uhr wird auf dem Fliegerhorst Gelnhausen-Rothenbergen ein Flugzeug vom Typ Heinkel 111/P startbereit gemacht. Es hat 16 Bomben geladen und soll sie über dem Übungsabwurfplatz Lettgenbrunn-Villbach im Spessart ins Ziel bringen.

Draußen auf den Kinzigwiesen in der Nähe des Fliegerhorstes sind die Landwirte beim Heumachen, als die Maschine auf die Startbahn rollt. Der Start erfolgt, doch das Flugzeug hat große Schwierigkeiten vom Rollfeld abzuheben.

Trotzdem kann der Pilot, Oberleutnant *Georg Wilhelm August Freund,* die Maschine noch hochziehen und in Richtung Gelnhausen weiterfliegen. Doch plötzlich fällt auch noch einer der beiden Motore aus. Flugzeugführer *Freund* versucht verzweifelt über der Stadt zu wenden. Es ist vergebens, die Maschine kippt über eine Tragfläche ab und stürzt auf die Anwesen der Familie *Pröscher-Köhring* und von Frau *Katharina Bach* oberhalb des Ziegelturmes „Am Platz". Es ist exakt 17.37 Uhr.

Oberleutnant Freund steuerte die Unglücksmaschine

Oberleutnant Freund eine Stunde vor dem Absturz auf einem Bombentransportfahrzeug

Bombenabsturz am 7.6.1939 in Gelnhausen „Am Platz"

In wenigen Sekunden alles in Schutt und Asche

Die Häuser in der Altstadt brennen sofort, während weitere Bomben explodieren

Mit den Aufräumungsarbeiten wird sofort begonnen

Retter eilen zur Unfallstelle

Das alles konnten die Helfer auf den Kinzigwiesen aus nächster Nähe mit ansehen. Und mit ihnen einige Gelnhäuser, die den Lärm in der Luft gehört hatten. Im „Bergschlößchen" hielt sich gerade eine dienstfreie Gruppe von Soldaten aus dem Fliegerhorst in Rothenbergen auf. Die konnten den Absturz ebenfalls beobachten. Die Männer eilten sofort zur Unglücksstelle und packten bei den Rettungsarbeiten mit an.

Infolge des Aufschlages explodierte der Benzintank. Das Feuer griff sofort auf die umstehenden Häuser über. Eine riesige Rauchsäule war weithin sichtbar.

Der Direktor der Reichsbanknebenstelle Gelnhausen, Reichsbankrat *Rolf Aich* – er hatte sich gerade nach Dienstschluß etwas in seinem Garten gesonnt – eilte nur leicht bekleidet mit einem Handfeuerlöscher zur Unglücksstelle. Noch bevor er etwas löschen konnte, erfaßte ihn eine Stichflamme und versengte ihn bis fast zur Unkenntlichkeit. Vier Tage später erlag er im Kreiskrankenhaus seinen schweren Verbrennungen.

Sechs Tote und zahlreiche Verletzte

Mit ihm war bei diesem schweren Unglück die Flugzeugbesatzung mit dem 23 jährigen Flugzeugführer Oberleutnant *Freund* aus Berlin-Wilmersdorf, dem 21 jährigen Unteroffizier *Fritz Karl Hemesath* aus Dortmund und dem 24 jährigen Gefreiten *Kurt Fritz Heilmann* aus Ronneburg in Thüringen ums Leben gekommen. Einige Tage später starben infolge des erlittenen Schocks Frau *Editha Bredenkamp* und ihr neugeborenes Kind, so daß die traurige Bilanz des Flugzeugabsturzes insgesamt 6 Tote aufweist.

Brandunglück in Gelnhausen
durch Flugzeug-Absturz

Gelnhausen, den 7. Juni 1939.
Mittwoch gegen 17.40 Uhr stürzte auf einem Uebungsflug ein Flugzeug der Luftwaffe über Gelnhausen ab. Beim Aufschlagen auf das Dach eines Hauses dicht an der Adolf Hitler-Straße geriet das Flugzeug in Brand. Das Feuer griff auf die anliegenden Häuser über. Die 3-köpfige Besatzung kam ums Leben. Von den Bewohnern der inzwischen abgelöschten Häuser wurden mehrere verletzt, davon 2 schwer.

Einen Tag später berichtet die nationalsozialistische "Kinzig Wacht" in einer Kurzmeldung von dem Flugzeugunglück

Der lodernde Benzintank setzte sofort die umliegenden Häuser in Flammen. Bei der ersten schweren Detonation der tödlichen Bombenfracht stürzte das Haus Bach wie ein Kartenhaus zusammen. Der vordere Teil des Flugzeuges war dort hineingestürzt. Unter seinen Trümmern wurden die beiden Feuerwehrleute Schornsteinfegermeister *Erich Ludwig* und Schlossermeister *Eugen Schien* begraben.

Einige beherzte Helfer schalteten unter dem Einsatz ihres Lebens sofort. *Hermann Sell* von der freiwilligen Sanitätskolonne Gelnhausen, Rohrmeister *Heinrich Dudene* und Obermeister *Heinrich Heininger* konnten zunächst mit Hilfe der herbeigeeilten Soldaten des Fliegerhorstes *Erich Ludwig* aus den Trümmern

Die Aufräumarbeiten nach dem Unglück dauern tagelang

holen. Doch dann detonierte die zweite Bombe. Die Männer arbeiteten fieberhaft und konnten danach schließlich auch noch *Eugen Schien* aus dem brennenden Trümmerhaufen herausziehen. Er hatte schwere Verletzungen an beiden Beinen und eine ernste Kopfverletzung davongetragen.

Eugen Schien schrieb in einem Protokoll am 20.6.1939, also knapp vierzehn Tage später, seine Empfindungen als Verschütteter nieder: *„Das Haus stürzte über mir zusammen und ich wurde unter den Trümmern begraben. Ich war kurze Zeit bewußtlos. Als ich wieder zu mir gekommen war, bemerkte ich, daß ich bis zur Brust unter den Trümmern lag, meine Arme waren jedoch frei. Mit Hilfe meines Beiles versuchte ich mich zu befreien. Ich hatte meinen Oberkörper fast freigelegt, als eine weitere Explosion erfolgte. Hierdurch wurden die Reste des Hauses zum Einsturz gebracht. Mir flog irgendein Gegenstand gegen meinen Kopf und ich* *wurde erneut bewußtlos. Nach kurzer Zeit bemerkte ich starke Schmerzen an meinen Beinen. Sie waren unter brennenden Hölzern eingeklemmt. Die Schmerzen wurden fast unerträglich. Ich blutete auch aus einer Kopfwunde. Mit äußester Kraft versuchte ich meine Beine freizulegen. Während ich noch damit beschäftigt war, kam Hilfe von außen und ich wurde geborgen. Ich erlitt schwere Verbrennungen an beiden Beinen und eine starke Kopfwunde."*

An der Rettungsaktion beteiligten sich zahlreiche Helfer aus den Feuerwehren und der Horstkompanie aus Rothenbergen, so u.a. Oberheizer *Demuth* und KFZ-Schlosser *Schirmer* aus Gelnhausen, Oberstleutnant *Lademann*, dem Chef der Fliegerhorstkompanie, mit den beiden Gefreiten *Hufft* und *Neumann*. Letzterer wurde bei den Rettungsarbeiten verletzt.

Ein Bild spricht Bände: Zerrissenes Plakat "Vorwärts und Hakenkreuz" – im Hintergrund das Trümmerfeld

Der einsatzleitende Kreisfeuerwehrführer *Schultheiss* berichtete: *"Alles um die Brandstelle herum arbeitende Personal wurde durch den Luftdruck fortgeschleudert und hatte nachher soweit wie möglich mit der Bergung von Verletzten zu tun. Etwa 30 Personen wurden mit schweren oder leichteren Verletzungen ins Krankenhaus Gelnhausen eingeliefert. Unter ihnen befanden sich die vier schwerverletzten Feuerwehrleute Willy Weber, Eugen Schien, Heinrich Weingärtner und Karl Kirchner."*

Weitere 11 Feuerwehrleute fanden mit leichteren Verletzungen dort Aufnahme. Sieben verletzte Soldaten kamen zur stationären Behandlung in das Standortlazarett Hanau. Weitere 75 verletzte Zivilpersonen wurden durch die Gelnhäuser Ärzte *Dr. Hahn, Dr. Samietz, Dr. Adolf Schilling, Dr. Heinrich Schilling* und durch das Deutsche Rote Kreuz der Sanitätskolonne Gelnhausen behandelt oder betreut.

Schauspielerin an Nase und Kinn verletzt

Unter den Verletzten befand sich auch *Leonore Ernst,* eine junge Schauspielerin vom Staatstheater München. Sie hielt sich damals zu den Proben für die am 24.Juni 1939 in der Barbarossaburg vorgesehene Uraufführung „Um die Krone der Welt" in Gelnhausen auf. Durch das Flugzeugunglück hatte sie Schnittverletzungen an Nase und Kinn erlitten. Sie sollte die Rolle der „Agnes von der Pfalz" spielen und mußte während der Proben mit einem heftpflaster-verklebten Gesicht auftreten.

Auch die Häuser in der „Seestraße" wurden erheblich beschädigt

Die Freiwillige Feuerwehr von Gelnhausen unter der erfahrenen Leitung von Oberbrandinspektor *Friedrich Hühn* war schon wenige Minuten nach dem Unglück zur Stelle. Sie wurde nach und nach von den herbeieilenden Wehren der Fliegerhorste in

Rothenbergen und Langendiebach, der Feuerwehren aus Hanau, Büdingen, Somborn und Wächtersbach unterstützt.

Auch die Offiziere und Mannschaften des I. und II. Kampfgeschwaders 55, das in Rothenbergen damals zu den Bombenzielflügen stationiert war, und Soldaten der Luftwaffenkompanie aus Langendiebach beteiligten sich an den Rettungsaktionen.

Retter und Helfer schweben ständig in Lebensgefahr

Die Männer schwebten ständig in Lebensgefahr, weil nacheinander immer wieder die Bomben detonierten und Häuserzeilen wegrissen oder beschädigten. Insgesamt sind 15 Bomben des Types S.C. 55 in die Luft geflogen, eine scharfe Bombe wurde noch bei den Aufräumungsarbeiten gefunden. Die Sprengkraft war verheerend: Im Umkreis von 120 Metern fegte sie Mauern und Wände weg, riß Türen aus ihren Angeln und zerstörte Wohnungseinrichtungen. Noch in 300 Metern Entfernung waren Fenster- und Schaufensterscheiben durch den gewaltigen Luftdruck nach den Explosionen zerborsten.

Wir senken die Fahnen
Trauerfeier für den NSKK-Mann Aich

Während die "Kinzig-Wacht" in großer Aufmachung von der Trauerfeier für das NSDAP-Mitglied, Bankdirektor Aich, berichtete, war über die anderen Toten des Unglücks nichts zu lesen.

Im ebenfalls zerstörten Haus der Vereinsbank wohnte auch Herr Aich

Zum Brandunglück in Gelnhausen

Zum Brandunglück am Mittwochnachmittag in Gelnhausen wäre noch folgendes zu sagen:

Die gestern in der „Kinzig-Wacht" genannten Zahlen über die Höhe der Verluste entsprechen unbedingt den Tatsachen. Lediglich die Besatzung des Flugzeuges — es handelte sich um einen Offizier, um einen Unteroffizier und um einen Gefreiten — ist ums Leben gekommen. Weitere Todesopfer sind n i c h t zu beklagen. Weiterhin wurden dem Krankenhaus zwei Schwerverletzte zugeführt, die sich jedoch auch wieder auf dem Wege der Besserung befinden. Die Zahl der Leichtverletzten beträgt einschließlich derjenigen mit kleinen Hautabschürfungen annähernd 60. Aber auch diese Zahl wäre lange nicht so hoch geworden, wenn sich die vielen Neugierigen den Anordnungen gefügt und gleich Schutz gesucht hätten.

Lobend hervorgehoben werden muß die Einsatzbereitschaft eine Gruppe von Fliegern, die vom Bergschlößchen aus den Absturz des Flugzeuges beobachtet haben und in u n g l a u b l i c h k u r z e r Zeit an der Unfallstelle waren. Auch die Haltung der Männer der E-Kompanien der Panzer-Abwehr verdient Anerkennung, wie auch der Arbeitsdienst sofort zum Einsatz bereit stand.

Der angerichtete Schaden muß beurteilt werden im Zusammenhang mit der engen Bauweise der alten Fachwerkhäuschen. 4 Häuser dürften als verloren anzusehen sein, während bei weiteren 5 der Dachstuhl beschädigt wurde. Die Leitung der Brandbekämpfung hat alles getan, ein weiteres Umsichgreifen des Feuers zu verhindern. Aus dieser Erwägung heraus wurden zur sofortigen Hilfeleistung eingesetzt zwei Motorspritzen aus Gelnhausen, drei aus Hanau und je eine aus Rothenbergen, Langendiebach, Wächtersbach, Büdingen und Somborn. Eine rasche Ablöschung des Brandes war so gewährleistet und konnte ja auch tatsächlich herbeigeführt werden.

Wie während des Feuers die Ruhe hätte bewahrt werden müssen, so besteht auch jetzt kein Grund zur Besorgnis für die Zukunft. Es ist eine Selbstverständlichkeit, daß aller Schaden durch die Volksgemeinschaft, die in diesem Falle repräsentiert wird von Partei, Staat und Wehrmacht wieder gutgemacht wird. Der Gauleiter, der gestern morgen sich persönlich von dem Stand der Dinge überzeugte, hat als erster eingegriffen und den Gauamtsleiter Haug von der NSV. veranlaßt, einen Betrag von 10 000 Mark zur Behebung der ersten Sorgen zur Verfügung zu stellen.

*In einer Veröffentlichung am 9. Juni 1939 versuchte die nationalsozialistische Parteizeitung „Kinzig-Wacht"
das Flugzeugunglück mit seinen verheerenden Folgen herunterzuspielen*

Zehn Häuser „Am Platz" und in der „Löhergasse" waren vollständig zerstört. Weitere 40 Gebäude hatten schwere und ungefähr 60 noch leichtere Schäden aufzuweisen. Das Gesundheitsamt, das Amtsgericht in der Fürstenhofstraße und das Amtsgefängnis waren arg in Mitleidenschaft gezogen.

Insgesamt 90 Personen obdachlos

Insgesamt waren durch das Flugzeugunglück innerhalb von Sekunden 90 Personen obdachlos geworden. Sie wurden zunächst von Verwandten, Freunden, Bekannten oder in der Jugendherberge aufgenommen.
Aber das war immer noch nicht alles. Der starke Explosionsdruck schleuderte einen Flugzeugmotor bis zum Hexenturm. Ein glühender Holzbalken landete auf einem Heuwagen, der am Kinzigufer stand. Er steckte die Fuhre in Brand.
Durch brennende Balken, Steine oder Flugzeugteile, die durch die Bombendetonationen immer wieder in die Luft geschleudert wurden, entstanden neue Brände und weitere Sachschäden. So mußten Dachstuhlbrände in der heutigen „Berliner Straße", „Seestraße" und in der „Massenbachstraße" gelöscht werden.

Was bereits einige Tage danach folgte, ist zumindest aus heutiger Sicht als makaber anzusehen. Es wurde verkündet, daß ausnahmslos alle geschädigten Hausbesitzer mit dem Angebot der Stadtverwaltung einverstanden gewesen seien, an der Peripherie Gelnhausens Baugelände und weitere großzügige Unterstützung zu erhalten. Die Verwaltung beabsichtigte, den Unglücksfall städtebaulich auszunutzen. Geplant war an dieser Stelle, quasi über Nacht, ein Hotelneubau und die Errichtung einer Stadthalle. Das Luftfahrtministerium habe seine Unterstützung bereits zugesagt, wurde aus dem Rathaus berichtet.

Der Kriegsbeginn, nur drei Monate später, machte diesen Plan zunichte. Allerdings wurden die Hausbesitzer, die durch den Flugzeugabsturz Hab und Gut verloren hatten, entsprechend entschädigt. Im Laufe der Nachkriegsjahre traten an die Stelle der ehemals alten Gebäude neue Häuser und wer nichts darüber weiß, dem fällt heutzutage kaum noch etwas an dieser Stelle Alt-Gelnhausens auf. Dennoch, am 7. Juni 1939 ist hier ein Stück Altstadt in Sekundenschnelle ausradiert worden.

Anmerkung:
Elfriede Kaiser, die Tochter des ehemaligen Bürgermeisters *Julius Frey,* hat im Gelnhäuser Tageblatt am 7. Juni 1979 anläßlich des 40ten Jahrestages dieses Flugzeugabsturzes aufgrund eigener Recherchen, vorhandener Protokolle und Unterlagen aus dem Stadtarchiv eine umfangreiche Dokumentation über diese Unglück veröffentlicht. Die detaillierten Informationen der o.a. Schilderungen sind dieser Veröffentlichung teilweise entnommen.

Augenzeugen berichten

Frau *Gertrud Göbel* aus Gründau-Breitenborn erlebte den Flugzeugabsturz wie folgt:
„Ich kam von der Arbeit aus Hanau mit der Bahn in Gelnhausen auf dem Bahnhof an. Als ich aus dem Zug ausgestiegen war und in Richtung Stadt lief, hörte ich über mir laute Motorengeräusche. Ich schaute zum Himmel und sah ein tieffliegendes Flugzeug links vor mir über der Stadt. Gerade war ich auf der Höhe des Kaufhauses Schneider angekommen, da hörte ich plötzlich eine fürchterliche Explosion. Im selben Moment zerbarsten die Fensterscheiben der Häuser um mich herum.
Natürlich wollten wir nachschauen, was da passiert war. Das ganze Gelände oberhalb des Ziegelturmes wurde sofort abgesperrt. Ein Flugzeug war mit einem Flügel am Ziegelturm beim Wenden hängengeblieben und in die Häuser unterhalb der Berliner Straße gestürzt.

Später habe ich gesehen, wie man einen total verbrannten Mann zum Sanitätswagen führte. Ich erfuhr, daß es der Direktor der Bank gewesen ist. Die Leute erzählten, daß Herr Aich, nur mit einer Badehose bekleidet, im Vorgarten gelegen habe, um sich zu sonnen, als das Flugzeug abstürzte. Aus der Zeitung erfuhren wir später, daß er an seinen schweren Verbrennungen gestorben ist.
Die Flugzeugbesatzung ist ebenfalls umgekommen. Wir erfuhren, daß es an der Absturzstelle die ganze Nacht darauf noch stark gequalmt hat."
Alfred Leidig aus Rothenbergen erlebte den Start der He 111 als Kind aus nächster Nähe: *„Ich habe die Maschine vom Fliegerhorst aus starten sehen. Als sie nach dem Start etwa in Höhe des heutigen Möbelzentrums „Möbel-Walther" ankam, fing sie an, stark zu rauchen. Über der Gelnhäuser Altstadt stieg nach kurzer Zeit ein großer Feuerball mit Rauchwolke auf. Mein Vater fuhr sofort zur Absturzstelle. Die Flugplatzfeuerwehr unter Kommandant Jahns rückte mit zwei Feuerwehrautos aus."*

Rothenbergen als „Leithorst" für Nachbarflugplätze

Die Planungsabteilung und Bauleitung, die 1934 ihre Arbeit für die Planung und Ausführung des Fliegerhorstes in Rothenbergen aufgenommen hatte, bereitete im Anschluß daran auch die Einrichtung weiterer Flugplätze im Rhein-Main-Gebiet vor. Es handelte sich dabei um den Fliegerhorst Langendiebach sowie um die Feldflugplätze in Altenstadt, Nidda, Froschhausen-Zellhausen und Babenhausen. Weiterhin beteiligte sich das Planungsbüro am Abbruch der Zeppelinhalle und dem anschließenden Ausbau des Militärflughafens auf Rhein-Main in Frankfurt.

Die Horst-Kommandanten in Rothenbergen

Wie bereits erwähnt, kam Anfang 1936 Hauptmann *Wehinger* nach Rothenbergen. Er übernahm das Fluggelände als erster Kommandant bis zum Mai 1937.
Sein Nachfolger wurde Oberstleutnant *Lademann*, der von Berlin abkommandiert wurde und bis zum Kriegsausbruch im September 1939 Chef des Fliegerhorstes war. Danach wurde

Lademann als Oberst zur Militärmission der slowakischen Hauptstadt nach Preßburg beordert. Während das Krieges kam er schließlich als Flughafen-Bereichskommandant nach Fürth bei Nürnberg. Während der Erschießung eines vom Kriegsgericht zum Tode verurteilten Gefreiten, erlag der feinfühlige und sensible Lademann einem Herzschlag. Er konnte es nicht verwinden, daß unter seiner Verantwortung junge Menschen, aus welchen angeblichen militärischen Vergehen auch immer, hingerichtet wurden.

Der „Reichsjugendführer" Baldur von Schirach kam von Fulda am 16. April 1939, wo er „reichsweit" Jugendherbergen eingeweiht hatte, nach Rothenbergen, um von hier aus weiter nach Berlin zu fliegen. Er wurde von Oberstleutnant Lademann und Hauptmann Geimecke begrüßt. Ein Mädchen durfte einen Blumenstrauß überreichen.

Nach kurzem Aufenthalt flog Schirach mit einer Ju 52 ab.

Inzwischen hatte seine Nachfolge in Rothenbergen Hauptmann *Geimecke* angetreten. Doch der blieb nicht lange, weil er später als Oberstleutnant bei der Luftwaffe in Italien eingesetzt wurde.

Rothenbergen

Aus Anlaß der Feier des 50. Geburtstages des Führers fand um 10 Uhr eine militärische Feier im Fliegerhorst statt, zu der die Politischen Leiter, die SA., SS., BdM., JV. und JM., NS-Kriegerkameradschaft und NS-Frauenschaft eingeladen waren. Ein sehr stattlicher Zug bewegte sich bei blauem Himmel und lachendem Sonnenschein zum Horst, wo auf dem Rollfelde die Truppe, die Mitglieder der DAF. innerhalb des Horstes und alle Formationen im offenen Viereck Aufstellung nahmen. Pünktlich um 10 Uhr erschien der Kommandeur, Oberstleutnant Lademann und schritt in Begleitung des Kreisschulungsleiters Pg. Eckhardt, Niedergründau, die Fronten ab. Anschließend ergriff er das Wort zu einer kurzen begeisternden Ansprache, in der er die Leistungen und Verdienste des Führers in den vergangenen sechs Jahren

Die „Kinzig-Wacht" berichtete überschwenglich von der Parade

Parade anläßlich des „50. Führergeburtstages" am 20.4.1939

Ihm folgte zunächst vertretungsweise Major *Trost,* der bis zum Kriegsausbruch in Gelnhausen als Lehrer tätig war. Bereits in Friedenszeiten hatte er in Rothenbergen an Reserveübungen als Feldwebel, dann als Leutnant und Oberleutnant teilgenommen. Als Chef des Fliegerhorstes wurde er schließlich zum Hauptmann befördert. Bereits im Juni 1940 versetzte man ihn zunächst nach Frankreich. Von dort aus kam er auf die Insel Kreta und übernahm in Heraklion drei Jahre lang als Major und Kommandant den dortigen deutschen Luftwaffenstützpunkt. Nach dem Krieg hat sich Herr Trost beim Aufbau der „Waldschule Hoppenstein", einem Schullandheim bei Obersotzbach, engagiert. Er verstarb in Lich im Mai 1960.

Ein weiterer Lehrer aus dem näheren Bereich wurde sein Nachfolger. *Willi Bethke* aus Eidengesäß begann ebenfalls in Rothenbergen mit Reserveübungen, kam bei Kriegsbeginn zur Luftwaffe an die Front und kehrte als Hauptmann zurück. Nach dem Krieg dirigierte *Willi Bethke* neben seiner Tätigkeit als Musiklehrer am Gymnasium in Wiesbaden-Biebrich mehrere Gesangvereine und erwarb sich dabei große Verdienste.

Letzter Fliegerhorstkommandant bis zum Einmarsch der Amerikaner im April 1945 war Major *Bäumlein.*

Die medizinische Betreuung der Soldaten und Flieger erfolgte zunächst von den Sanitätsoffizieren und Hanauer Ärzten

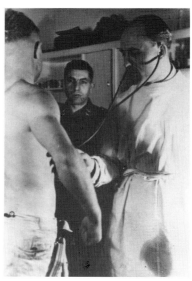

Zahlmeisterei des Fliegerhorstes *Dr. Zühlke bei der Untersuchung*

Dr. Scheel und *Dr. Zühlke*. Die letzten Kriegsjahre fungierte Stabsarzt *Dr. Roßkopf* als Leiter der Sanitätsstaffel des Horstes.

Die Horstkompanie und ihre Standortverwaltung

Als weitere Dienstgrade in der Horstkompanie oder im Stab der Verwaltung sind folgende Namen noch herausgefunden worden:
Hauptfeldwebel *Ferdi Lang* aus Niedergründau, Hauptfeldwebel der Horstkompanie *Schütz*, Stabsschreiber Feldwebel *Gerloff*, Rechnungswesen Feldwebel *Kötter*, Feldwebel in der Kleiderkammer *Kranz*, Waffen und Geräte-Feldwebel *Pöschel*, Feldwebel *Mohrmann* für die Versorgung, Feldwebel *Schulz* Kfz.-Werkstatt, Feldwebel *Niemeyer* als Kfz.-Schirrmeister, Feldwebel *Unterberg* als Spieß und Feldwebel *Schulze* als Werftleiter.

Oben: Gegen Kriegsende wurde beim Telefonieren vor dem Feind gewarnt

Links: Funk- und Fernsprechzentrale des Horstes

Im Offizierskasino waren Frl. *Anna Kalbfleisch*, in der Schreibstube Frau *Anni Serth*, Herr *Josef Merten* und Herr *Josef Dahl*, im Stabsgeschäftszimmer Frl. *Schneider;* als Mechaniker sind *Hans Deeg* aus Bad Mergentheim und *Josef Wöhnel* aus Niedermittlau sowie in der Schreinerei *Bernhard Gellenbeck* aus Dorsten und Herr *Heinrich Reußwig* aus Hasselroth-Gondsroth bekannt geblieben.

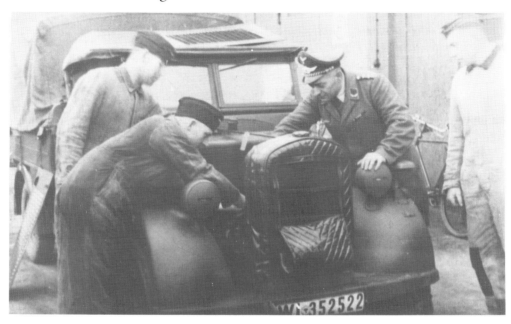

Der Fliegerhorst verfügte über eine eigene Kfz-Werkstatt

Die Honigslust....kein Objekt zum Schleckern

Bei vielen Bürgerinnen und Bürgern von Rothenbergen ist die „Honigslust" ein gängiger Begriff für die Häuserblöcke an der B 40 gegenüber der ehemaligen Horst- und späteren Wibau-Zufahrt. Doch mit honigsüßen Dingen haben diese Wohnungen weiß Gott nichts zu tun.
Das Wohnviertel an der Frankfurter Straße verdankt seinen Namen dem Regierungsinspektor der Luftwaffe *Honig*. Während seiner Tätigkeit als „Zahlmeister" in Rothenbergen wurden diese Häuser als Wohnungen für die Familien der Soldaten der Horstkompanie gebaut. Gleichzeitig war *Honig* natürlich auch für die Ausstattung und die Einrichtungen des Fliegerhorstes verantwortlich. Nach Kriegsausbruch kam er im Range eines Stabszahlmeisters zunächst an die Westfront und anschließend nach Afrika. Bei El Alamain geriet er in amerikanische Kriegsgefangenschaft. Nach seiner Rückkehr aus Amerika kam er zur Stadtverwaltung ins westfälische Lemgo, wurde aber wegen einer Erkrankung in den vorzeitigen Ruhestand versetzt.
Bereits Ende 1936 war Regierungsinspektor *Karl Leidig* nach Rothenbergen in die Verwaltung des Fliegerhorstes gekommen. Er übernahm 1941 die Nachfolge von *Honig* als Zahlmeister.

Zum Jahresende 1942 wurde er zunächst zum Luftgaukommando nach Wiesbaden abkommandiert. Von dort aus kam er zu einer Flak-Division, bei der er bis zum Kriegsende als Oberleutnant seinen Dienst versah.

Leidig lebte nach dem Krieg bis zu seinem Tod im Jahre 1975 mit seiner Familie in der „Honigslust". Sein Sohn *Alfred Leidig* aus Rothenbergen erinnert sich:

„Diese drei Soldatenwohnheime wurden meines Wissens im Jahre 1938 fertiggestellt und nach dem Zahlmeister Honig benannt. In ihnen wohnten die Soldaten der Horstkompanie mit ihren Familien. Sie zahlten für die bereitgestellten Wohnungen eine angemessene Miete. Den Familien wurde aber versprochen, daß die Wohnungen später auf Wunsch der Mieter in ihr Eigentum übergehen würde.

Ich selbst habe mit meinen Eltern zunächst auf dem Flugplatz gewohnt. Wir waren 7 Kinder, außer mir noch 4 Brüder und 2 Schwestern. Der Vater war ebenfalls als Zahlmeister in der Rechnungsstelle des Horstes tätig. Nach Fertigstellung der ‚Honigslust' zogen wir in eine der Wohnungen um. Nach dem Einmarsch der Amerikaner, mußten wir einige Male unsere Wohnung verlassen, weil sie die Räume für ihre militärischen Operationen benötigten. Im Jahre 1946 kehrte mein Vater aus amerikanischer Kriegsgefangenschaft wieder heim und wohnte bis zu seinem Tod in der ‚Honigslust'".

Die Männer der Flugplatzfeuerwehr

Karl Leidig hat nach dem Krieg verschiedene Treffen der Ehemaligen des Fliegerhorstes organisiert. Er hat auch einen maßgeblichen Anteil daran, daß *Georg Rösch* die Geschichte des Fliegerhorstes in einem Aufsatz unter dem Titel: *"....denn sie flogen gegen Lettgenbrunn!"* im Heimatjahrbuch 1966 des Kreises Gelnhausen veröffentlichen konnte.

Versorgung durch eigene Landwirtschaft

Die auf dem Fliegerhorst stationierten Soldaten wurden teilweise durch eine eigene Landwirtschaft versorgt. Sie war allerdings ursprünglich Mittel zum Zweck, denn die Tiere hielten die Grasnarbe auf dem Rollfeld in Takt. Zum Viehbestand gehörten immerhin 6 Ochsen, einige Kühe und 4 Pferde. Als wichtigste „Rasenmäher" betätigte sich eine Schafherde, die unter der Aufsicht des Schäfers Krauthahn aus Gelnhausen der Start- und Landebahn den richtigen „Schnitt" verpaßte.

Die „Rasenmäher" des Flugplatzes

Von den landwirtschaftlichen Gebäuden steht heute noch das „Hornhaus" im östlichen Teil des Horstgeländes zwischen Rothenbergen und Lieblos. Die damalige Landwirtschaft wurde von *Helmut Thienhaus* betreut, der nach dem Krieg in Niedermittlau wohnte und während des Krieges als Bereichslandwirt vorübergehend im russischen Frontgebiet in einem Gutsbezirk eingesetzt war.

Als gegen Ende des Krieges das Benzin immer knapper wurde, übernahm ein Pferdegespann den Dienst der Postordonnanz und beförderte die Post von Rothenbergen nach Gelnhausen. Eine große Schusterwerkstatt war dem Fliegerhorst angeschlossen. Sie wurde von Herrn *Noß* geleitet. Und auch eine Schneiderei war unerläßlich. Sie stand unter der Leitung von Herrn *Kalbfleisch*, wurde aber später nach Niedermittlau ausgelagert. Für Schießübungen oder für die Einsätze bei Bomberübungen erhielt der Fliegerhorst seine Munition aus einem großen Bunker des Flugplatzes Ingolstadt. Der Schießstand, der heute in seiner Form noch gut erkennbar ist, wurde ausschließlich von der Horstkompanie für Übungsschießen benutzt.

Urkunde für besondere „Schießleistungen"

Trügerischer „Erholungsurlaub" für Flieger

In Friedenszeiten zwischen 1935 und 1939 herrschte auf dem Fliegerhorst im ländlich abgeschiedenen Rothenbergen eine eher harmonische Stimmung. Die Piloten der Bomberstaffeln, die zum Üben hierher kamen, betrachteten ihren Aufenthalt auf dem Horst eher als eine Art „Erholungsurlaub". Die Gastfreundschaft der Bevölkerung konnte besser nicht sein; die Soldaten fühlten sich wohl in ihrer ländlichen Umgebung. Und während der abendlichen Kneipenbesuche wurden so manche zarten Bande geknüpft.

Soldaten des Fliegerhorstes mit Hauptmann Schwede am 20. März 1942

Hauptmann Schwede, Chef des fliegenden Personals bis 1942 mit Soldaten vor der Werft

Verfolgung politisch Andersdenkender

Aber der Schein trog. Im politischen Raum bereitete *Hitler* klammheimlich einen furchtbaren Krieg vor. Politisch Andersdenkende wurden selektiert und in die Verbannung geschickt. Sie störten den eingeschlagenen Weg zum totalen Krieg, der soviel Elend über Millionen von Familien auf dem gesamten Erdball brachte. Man hätte sie merken können, die ersten Anzeichen, auch auf dem flachen Land. Doch wer wollte sich schon solche unbequemen Geschichten vorstellen oder ihnen gar auf den Grund gehen?

Die strammen Parteigänger der NSDAP gab es überall, auch in Rothenbergen. Und wer die allgemeine politische Linie der braunen Machthaber nicht unterstützte oder gar bekämpfte, bekam es bald zu spüren. Hier ein Beispiel der Intoleranz:

Daß die Nationalsozialisten die Kirche bekämpften, wo immer sie nur konnten, davon weiß Frau *Böhmer*, die wie bereits erwähnt in der Standortverwaltung beschäftigt war, hautnah zu berichten. Als sie von Pfarrer *Handwerk* gebeten wurde, in der evangelischen Bergkirche von Niedergründau die Sonntagsschule für die Kinder abzuhalten, da ließen die Repressalien nicht lange auf sich warten. Eine praktizierende Christin auf dem Fliegerhorst mitten unter Soldaten? Das grenzt schon fast an Wehrkraftzersetzung!

Mit einem Schreiben aus München von der obersten Verwaltungsspitze kündigte man ihr an, daß sie mit drei weiteren Frauen nach Rumänien „versetzt" werden sollte. Dem engagierten Einsatz ihres Chefs, dem Oberstabsintendanten *Brieser*, verdankte sie schließlich, daß sie in der Standortverwaltung des Flugplatzes bleiben durfte. Von den anderen drei Frauen, die nach Rumänien deportiert wurden, hat Frau Böhmer nie wieder etwas gehört.

Mit dem Überfall *Hitlers* auf Polen am 1. September 1939 setzten wenig später die ersten Massenerschießungen in den besetzten Gebieten an Polen und Juden durch SS-Verbände ein. Die Zeit der Deportationen begann: Die Juden in den Osten als Vorstufe zum systematischen Völkermord und die Polen in den Westen – ins Reichsgebiet – als Zwangsarbeiter, wo immer sie gebraucht wurden.

In Rothenbergen tauchten die ersten deportierten Polen noch Ende 1939 auf. Sie wurden überwiegend als Zwangsarbeiter in der Landwirtschaft eingesetzt. Es folgten nach dem Einmarsch der deutschen Armee in Frankreich ab 1940 die ersten französischen Kriegsgefangenen. Sie waren in Rothenbergen zeitweise während ihres Arbeitseinsatzes im Saalbau Roth untergebracht.

Ein Bomber vom Typ Dornier Do 23 ist auf dem Flugfeld in Rothenbergen gelandet. Die Do 23 konnte wie die Do 11 eine Bombenlast bis zu 1000 kg mitsichführen. Sie war mit 4 Mann besetzt und hatte als Ausrüstung 3 Maschinengewehre mit 7,9 mm Geschossen.

Kampfbomber von Junkers Ju 86 auf dem Rollfeld

Junkers Ju 52 kurz vor dem Abflug

Die Horstkompanie ist zum Appell angetreten

Exerzieren auf dem Flugplatzgelände

Vorbeimarsch am Horst-Kommandanten

Schon gegen Ende des Jahres 1941 gab es häufiger Fliegeralarm, weil englische Flugverbände öfters in das „Reichsgebiet" eingedrungen waren. Aus Angst vor einer Landung alliierter Fallschirmjäger erhielt die Horstkompanie eine Gefechtsausbildung

Besuch des kommandierenden Generals des Luftgaukommandos XII, Heiligenbrunner, am 30. Juli 1942.

Der General hält sich hier die Ohren noch zu, als Werkmeister Hartwig seine „Sirenen-Konstruktion" vorführt. An den schrillen Sirenenton wird sich der General in den Folgejahren sehr schnell gewöhnen müssen. Die „Horstführung" mit Major Bäumlein, (links neben Heiligenbrunner), Hauptmann Berke (ganz links) und Regierungsinspektor Leidig (links neben den Preßluftflaschen).

Errichtung einer Segelflugschule im Jahre 1942

Aufgrund der zahlreichen Fronteinsätze hatte sich die Zahl der einsatzfähigen Piloten bei der Luftwaffe arg dezimiert. Die jungen, mutigen Kerle hatten das wichtigste was sie besaßen, ihr Leben, dem „Führer" geopfert. Aber dem war das Opfer beileibe noch nicht genug! Die Ausbildung neuer Piloten hing dem tatsächlichen Bedarf arg hinterher. Das Reichsluftfahrtministerium (RLM) versuchte über kürzere und billigere Ausbildungsgänge diesen Mangel zu kompensieren.

Offiziere der Kaserne Gelnhausen besichtigen mit ihren Frauen zu Ostern 1942 die neuen Segelflugzeuge auf dem Fliegerhorst

An dieser Stelle soll einer der bekanntesten deutschen Fluglehrer – vor, während und nach dem Zweiten Weltkrieg – zu Wort kommen, der in Rothenbergen von 1942 bis fast gegen Kriegsende die Ausbildung von Fluglehrern für die Luftwaffe im fliegerischen Bereich als Gruppenfluglehrer in der dortigen Fluglehrer-Überprüfungsstelle verantwortlich leitete. Es ist *Karl Keß*, der heute als 81jähriger in Bad Kissingen lebt. An anderer Stelle wird über seine Person noch ausführlicher berichtet. Über die Segelflugausbildung und ihre militärische Bedeutung berichtet Herr *Keß* folgendes:

„Die Frage, warum die Segelflugausbildung so wichtig für den Aufbau der Luftwaffe vor dem Krieg und als ‚Ersatzbeschaffung' während des Zweiten Weltkrieges war, ist relativ leicht beantwortet. Im Segelflug kann man die jungen Leute messen, ob sie fliegerisch tauglich sind oder nicht. Es fand praktisch während der Segelflugausbildung eine Auslese statt, ohne dabei Treibstoff zu verbrauchen. Erst bei Eignung wurden die jungen Burschen in den Motorflug übernommen.

Vor und während des Krieges gab es in Deutschland 36 Flugschulen, an denen die Pilotenausbildung stattfand und die Flugscheine A und B erworben werden konnten. Diese berechtigten zum Fliegen bis zu zweimotorigen Maschinen. An jeder dieser Flugschulen waren zwei Gruppenfluglehrer tätig. Diesen wiederum unterstanden pro Ausbildungsflugplatz 6-7 Fluglehrer.

Fluglehrerausbildung in Rothenbergen

Aus Kostengründen hatte das Reichsluftfahrtministerium (RLM) angeordnet, daß sich diese Gruppenfluglehrer, die bis dahin ausschließlich als Motorfluglehrer tätig waren, einer sechswöchigen Schulung zum Segelfluglehrer zu unterziehen hatten. Die Segelflugausbildung sollte später direkt an den 36 Flugschulen stattfinden. Ich hatte in diesem Lehrgang zunächst die beiden Gruppenfluglehrer aller dieser deutschen Flugschulen, also insgesamt 72 Teilnehmer auszubilden.

Der Fliegerhorst Gelnhausen-Rothenbergen hatte somit eine wichtige Bedeutung in der Ausbildung der Luftwaffenpiloten. Es war der teilnehmerstärkste Ausbildungslehrgang, der bei der deutschen Luftwaffe jemals abgehalten wurde.

Diese Motorflieger kamen relativ hochnäsig an, weil sie glaubten sie könnten fliegerisch schon alles. Zum ersten Ausbildungsgang gehörte die ‚Einsitzer-Schul-Methode'. Da wurde mit Segelflugzeugen geflogen, die sehr viel Steuerbewegungen benötigten bis sie überhaupt angesprochen haben. Heute ist das anders; da reagieren Segelflugzeuge genauso leicht wie Motormaschinen. Jedenfalls konnten diese Motorfluglehrer dieses ‚harte' Fliegen überhaupt nicht vertragen. Doch nach einer Eingewöhnungsphase wich die anfängliche Überheblichkeit und man konnte ganz zufrieden mit ihnen arbeiten."

Die Segelfliegerausbildung und ihre militärische Bedeutung

Ein weiterer, der noch heute detaillierte Auskünfte über die Segelflugausbildung und ihre militärische Bedeutung geben kann, ist der Wächtersbacher *Hans-Joachim Senssfelder.*

Ein Segelflugzeug vom Typ "Kranich II" über dem Kinzigtal im Winter 1943. Deutlich heben sich Kinzig und "Abtshecke" von der Schneelandschaft ab

Herr *Senssfelder* war von Mai 1942 bis November 1944 Fluglehrer auf dem Fliegerhorst Gelnhausen-Rothenbergen. Er versah seinen Dienst als Lehrgangsleiter der dortigen Segelfliegerschule und als Schlepper von Segelflugzeugen. *Hans-Joachim Senssfelder* kannte auch *Karl Keß* und einen weiteren sehr bekannten Segelflieger:

„*Zu den berühmten Segelfluglehrern in Rothenbergen gehörten Helmut Reukauf und Karl Keß. Beide fungierten nach dem Krieg auf der Wasserkuppe weiter als Segelfluglehrer.*

Helmut Reukauf war in der Segelflugschule Rothenbergen Gruppenfluglehrer. Als hervorragender Flieger erhielt er das internationale Leistungsabzeichen Nr. 37 der alten „Goldenen C".

Als späterer Schulleiter der Segelflugschule Wasserkuppe von 1960-1977 verband *Karl-Ernst Keß* eine ausgeprägte Freundschaft mit dem berühmten Raketen-Wissenschaftler *Wernher von*

Kranich II im Landeanflug zum Fliegerhorst Gelnhausen-Rothenbergen

"Minimoa" von Hirt kurz vor der Landung. Im Cockpit Obergefreiter Tasso Röttger

Braun. Von *Braun* nutzte jede Gelegenheit, wenn er sich in Deutschland aufhielt, um im Doppelsitzer zusammen mit *Keß* aus der Luft die schöne Rhön zu erleben.

Aber dazu an späterer Stelle etwas mehr. Zur gesamten Segelflugausbildung auf dem Fliegerhorst Gelnhausen-Rothenbergen mit seinen Außenstellen führt Herr *Senssfelder* folgendes aus:

„*Die Segelfliegerschule in Gelnhausen-Rothenbergen war als Sonderflugschule direkt dem Reichsluftfahrtministerium (RLM) unterstellt. Da der gesamte Flugplatz in Rothenbergen von der Größe her nicht ausreichte, wurden in Altenstadt, Ettinghausen bei Grünberg und bei Unterreichenbach Außenstellen eingerichtet.*

Die Segelflugschule, die von 1942 - 1944 existierte, hatte folgende militärische Aufgaben:

1. Ziel der Segelfliegerausbildung
Da die Nationalsozialisten für die Luftwaffe während des Krieges an allen Fronten ausgebildete Piloten benötigten, um ihre Angriffs-

oder später Verteidigungsstrategien umsetzen zu können, wurden tausende junger Männer zunächst in eine vormilitärische Segelflugausbildung geschickt.

Die Bedeutung dieser Ausbildung lag auf der Hand: Die jungen Piloten sollten in den Segelflugzeugen das nötige fliegerische Feingefühl erhalten – eine direkte Ausbildung an Kampfflugzeugen dauerte aus wirtschaftlichen Gründen zu lange, da im Krieg der Zeitfaktor eine große Rolle spielte – die Segelflugzeuge konnten billig in jeder Schreinerei gebaut werden und letztlich war auch die Benzinersparnis ein wichtiger Faktor.

In Unterreichenbach konnte als Vorstufe der Segelfliegerausbildung der Start mit einem Schulgleiter SG 38 nur mit einem Gummiseil ausgeführt werden."

Bereits 1939 wurde die Jugend systematisch von der Nationalsozialisten für die Fliegerei motiviert. In der "Kinzig-Wacht" vom 15. April 1939 wird mit Bild und Text für das Segelfliegen in Unterreichenbach geworben.

Hitler-Jugend fliegt!

Vor der Halle in Unterreichenbach

Wie sieht nun so eine Fliegereinheit in der Hitler-Jugend aus, wie gestaltet sich ihr Dienst? Der Bann 392 hat eine Fliegergefolgschaft die in Zusammenarbeit mit dem Nationalsozialistischen Fliegerkorps Sturm 5/75 den Dienstbetrieb durchführt. Die Fliegergefolgschaft teilt sich wieder in Scharen, die in verschiedener Or-

sorgfältig untersuchen, bevor sie eine Maschine zum Fliegen zulassen. Es kommt nicht selten vor, daß den Bauprüfern irgend etwas nicht gefällt und manche mühevolle Arbeit umsonst war. Aber durch Fehler lernt man ja.

Doch nun kommt die Hauptsache: Ist eine Kiste" vom Bauprüfer flugfertig erklärt wor-

Ein Blick auf die Ausbildungspläne, die von Herrn *Senssfelder* zur Verfügung gestellt wurden, zeigt den Ablauf der Segelflugausbildung auf:

Die ersten Flugversuche auf dem Schulgleiter SG 38 ohne Boot. Der Start erfolgt mit dem Gummiseil.

So nahmen z.B. in der Zeit vom 11.5. bis 8.6.1944 am Lehrgang A 21 insgesamt 22 Flugschüler teil. Das Programm sah folgenden Ablauf vor:

- Einweisungen der Flugschüler auf dem Schulgleiter SG 38 (offen)
- 12 Starts mit Sprüngen auf dem SG 38 (offen) mit einer Flugdauer bis zu 20 Sekunden als Windenschulung
- 5 Starts als Schulungsflüge auf dem SG 38-Boot mit einer Flugdauer bis zu 30 Sekunden als Windenschulung
- Einweisungen der Flugschüler auf dem Segler „Grunau II"
- 3 Starts mit Sprüngen in 20-30 m Höhe mit dem Segler „Grunau II" als Windenschulung
- 8 Starts mit dem Segler „Kranich" und 5 Starts mit dem Segler „Grunau II" als Schulflüge im Flugzeugschlepp in einer Höhe zwischen 300 und 500 m.

Schulgleiter SG 38 vor dem Start

Der Fachunterricht gliederte sich in 15 Stunden Gruppenfluglehrer-Unterricht, 15 Stunden Technik und Instrumentenkunde, 30 Stunden Navigation, 15 Stunden Funken und 5 Stunden Wetterkunde.

Bei erfolgreicher Teilnahme erwarben die Flugschüler den „Luftfahrschein für Segelflugzeugführer der Klasse I". Im Anschluß daran wurde die Pilotenausbildung auf Motorflugzeugen fortgesetzt.

Mittagspause der Flugschüler und der Schleppmannschaft auf dem Flugfeld

Schulgleiter SG 38 mit und ohne Boot

Über die Ausbildung der Fluglehrer und über den militärischen Einsatz von Segelflugzeugen während des Krieges berichtet Herr *Senssfelder* folgendes:

2. Ausbildung der Fluglehrer
Zu Beginn des Krieges stand für die Ausbildung im Deutschen Luftsportverband, der später im Nationalsozialistischen Fliegerkorp (NSFK) aufging, eine große Anzahl von Fluglehrern zur Verfügung. Dadurch gab es bereits gut ausgearbeitete Ausbildungspläne. In Rothenbergen wurden diese Fluglehrer auf die militärische Linie umgeschult.

Während dieser Umschulung bzw. Überprüfung der Fluglehrer konnten die Lizenzen für die Scheine Gleitflug (GL), Doppelsitzer (D), Winde (W), als Hauptamtlicher (H) oder für den Kunstflug erworben werden.

Ausbildungsplan der Segelflugschule Gelnhausen-Rothenbergen Mai - Juni 1944

Fluglehrer Senssfelder mit Flugschülern zum Aufwärmen an der Feuerstelle am Rande des Rollfeldes

Schulgleiter SG 38 mit Boot über dem Kinzigtal

3. Militärischer Einsatz während des Krieges

Segelflugzeuge hatten während des Krieges aber auch eine direkte militärische Bedeutung. Sie wurden als Lastensegler eingesetzt. So war beispielsweise die DFS 2-30 von dem Hersteller Jakobs mit 10 Soldaten besetzt. Der Segler wurde bei Nacht hochgeschleppt und glitt lautlos mit der bewaffneten Besatzung hinter die feindlichen Linien, um dort zu landen. Das Flugzeug selbst hatte damit seinen militärischen Zweck erfüllt und wurde aufgegeben. Diese militärtaktische Variante wurde zum Beispiel zu Beginn des Krieges beim Angriff auf Holland während des Westfeldzuges erprobt und hatte zweifellos ihren Überraschungseffekt."

*Uffz. Krause in einem "Bussard", hergestellt bei der Firma Schleicher in Poppenhausen/Rhön.
Stehend Hans-Joachim Senssfelder.*

Leitung der Segelflugschule

Bei der Errichtung der Segelflugschule übernahm zunächst Hauptmann *Schwede* das Kommando. Er war als Segelflieger sehr bekannt und kam von der Segelfliegerschule Dörnberg bei Kassel. Er galt als sehr energischer und resoluter Vorgesetzter. Er wurde von Major *Sarnighausen* abgelöst. Als Kommandant der Segelflugschule in Gelnhausen- Rothenbergen versah dieser seinen Dienst in der Zeit von 1942 bis zum Schluß.

Die Ausbildungsleiter hießen Hauptmann *Berke*, Hauptmann *Ötzbach* und Oberleutnant *Szczepankiewicz*. Insgesamt versahen etwa 25 Segel-und Hilfssegelfluglehrer sowie 10 Motorflugzeugpiloten als Schlepper hauptamtlich in der Segelflugschule auf dem Horst ihren Dienst. Chef der Segelfliegergruppe war einige Zeit Leutnant *Zöllner*.

Einige Namen von Fluglehrern konnte u.a. *Klaus Kuka* aus Freigericht-Horbach bei seinen Nachforschungen in Erfahrung bringen. Es sind dies:

Erich Baumann aus Lenzkirch, *Ludwig Belzner* aus Rothenbergen (verstorben), Herr *Benner* und Herr *Bleck* (Vornamen und Wohnorte nicht bekannt), *Willi Fischer* aus Rodewisch, *Paul Grieß* aus Bad Sooden-Allendorf, *Oskar Hermann* aus Gelnhausen, *Gustav Hofmann* aus Friedberg, *Karl Keß* aus Bad Kissingen (Gruppenfluglehrer), *Franz Kube* aus Waldkraiburg, *Erich Kühl* aus München (stellvertr. Leiter des Sonderkommandos "M"), *Klaus Krause* aus Gelnhausen, *Fredi Lang* aus Sandweier, *Otto Lautenschläger* aus Darmstadt (verstorben), *Gerhard Metzger* aus Böblingen, *Josef Perr* aus München (verstorben), *Rudolf Pill* aus Wallersdorf (verstorben), Herr *Pöhlmann* (Vorname und Wohnort nicht bekannt), *Sepp Redl* aus Seehausen-Staffelsee, *Helmut Reukauf* (Gruppenfluglehrer – Wohnort nicht bekannt), Herr *Schnitzke* (Vorname und Wohnort nicht

Segler „Grunau Baby 2 a" auf dem Rollfeld in Rothenbergen

Kurt Sommerauer gehörte zum Stamm der Schleppflugzeugführer. Er lebt heute in Neuarzel bei Innsbruck.

bekannt), *Hans-Joachim Senssfelder* aus Wächtersbach, *Kurt Sommerauer* aus Innsbruck, Fritz Stradtmann aus Gründau-Lieblos (verstorben), *Kurt Wieden* aus Solingen, *Karl Wiele* aus Duisburg, Herr *Zöllner* (Leutnant und Chef der Segelfliegergruppe des Sonderkommandos „M" - Vorname und Wohnort nicht bekannt)

Als Pilot für die Schleppflugzeuge ist *Georg Kälberer* aus Memmingen unter dem Spitznamen „Schlepp-Major" bei einigen noch besonders in Erinnerung geblieben.

5. Flugzeuge der Segelflugschule

Als Schlepper wurden folgende Motorflugzeuge überwiegend eingesetzt: *Focke Wulf Stieglitz Fw 44, Heinkel He 72 „Kadett" und Morane-Saulnier MS 230.*

Herr *Senssfelder*, der diese Schleppflugzeuge geflogen hat, berichtet von seinen Erfahrungen:

„*Die Morane-Saulnier hatte als Flugzeug unmögliche Flugeigenschaften, aber sie war das beste Schleppflugzeug, das es zu damaligen Zeiten überhaupt gab. Selbst bei Windstille schaffte sie noch einen Höhenanstieg im Schleppflug von 5 Metern in der Sekunde. Vergleichsweise stieg die Fw 44 Stieglitz nur maximal 1,5 Meter pro Sekunde.*

In Rothenbergen wurden 5-6 Maschinen des Types Morane Saulnier MS 230 für die Segelflugschule als Schlepper eingesetzt."

Schleppmaschine „Morane-Saulnier MS 230". Im Hintergrund ein Segler des Types „Kranich II".

Für die Blindflug- und Bordfunkerausbildung wurden die *Arado Ar 66 c* und *Junkers Ju 34 hi*, für Übungs- und Kunstflüge die *Bücker B 131 „Jungmann"* und die *Klemm Kl 35* als Verbindungsflugzeug eingesetzt.

Als Segelflugzeuge für die Ausbildung standen folgende Typen zur Verfügung:

Schulgleiter SG 38 mit und ohne Boot
Grunau Baby 2a
DFS „Kranich" Doppelsitzer
DFS „Habicht" in den Versionen bis zum Stummelhabicht
DFS „Olympia Meise"
Gö 3 „Minimoa" der Fa. Göppinger Flugzeugbau
Gö 4 „Goevier" Doppelsitzer der Fa. Göppinger Flugzeugbau
„JS-Weihe" von Jakobs
M 13 „Merlin" der „Aka-Flieg" (Akademischen Fluggruppe München)
M 17 „Merle" der „Aka-Flieg" (Akademischen Fluggruppe München)
Nurflügelsegler *„Horten IV"*
Schleicher *„Condor III"*
EW-18 von Weber
Avia-P 40-Grunau

Eine Junkers Ju 34 hi im Flugzeughangar des Fliegerhorstes

Mü 17 „Merle" der Aka-Flieg

Bücker-Jungmann „Bü 131"

Pilot Scheithauer mit dem Nurflügelsegler Horten IV aus dem „Deutschen Forschungsinstitut für Segelflug" in Darmstadt Griesheim zu Gast auf dem Fliegerhorst

Schön in der Reihe: drei Segler „Kranich II" und zwei Grunau Baby IIa

Fw 44 „Stieglitz" vom Schleppflug zurück (1942)

Erinnerungsfoto auf einer He 72 Heinkel „Kadett", links August Willer

Eine Go 145 der Gothaer Waggonfabrik nach der Landung

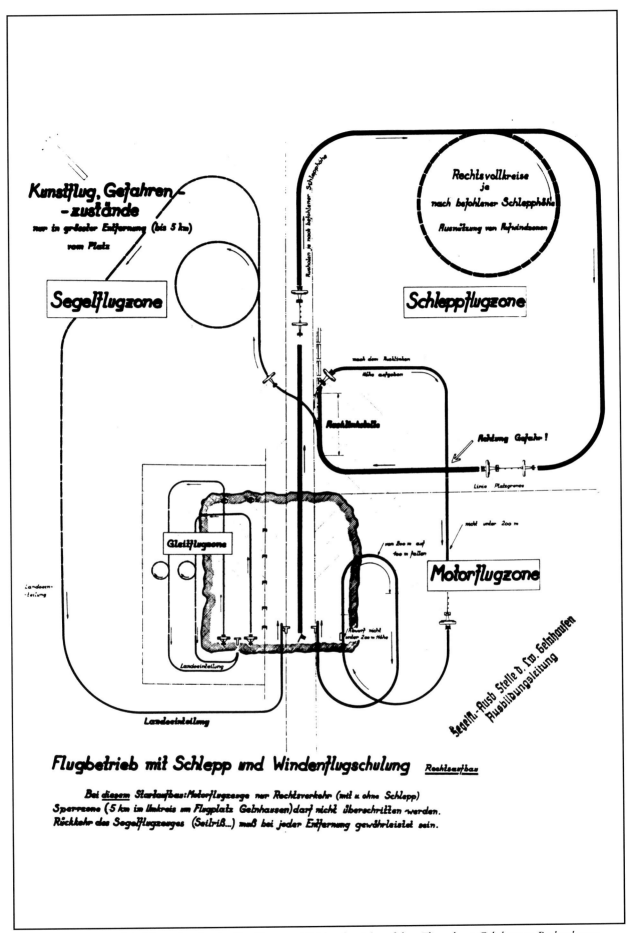

Einweisungs- und Gefahrenplan für den Segelflug- und Schleppbetrieb auf dem Fliegerhorst Gelnhausen-Rothenbergen

Nr. 57.

Deutlich schreiben!
Gefahren durch Unterstreichen hervorheben.

Reichswetterdienst
Wetterberatung

WeWa Langendiebach
(Name oder Stempel der Wetterwarte)

für den Flug von Gelnhausen nach Lachen-Speierdorf für den Start um 7³⁰ Uhr.
Die Beratung wurde - schriftlich¹) - fernschriftlich - mündlich - fernmündlich - am 28. 3. 19 44
um 7⁰⁰ Uhr für FW 44 TQ + BT an Uffz Senßfelder übermittelt.
(Bezeichnung des Flugzeuges) (Dienstgrad) (Name)
Das Flugzeug ist während des Fluges — nicht — durch FT. zu erreichen.
(Nichtzutreffendes streichen!) ¹) Bei schriftlicher Beratung gleichzeitig Durchschrift fertigen.

Vorhersage, gültig bis 8³⁰ **Uhr.** (Ausführliche Angaben über das zu erwartende Wetter längs der Flugstrecke und am Zielhafen; Hinweise für Flugdurchführung):

Die eigentlichen Wetterminimalbedingungen sind auf direktem Kurs erfüllt.

Zu bemerken: Auf der Strecke geringe durchbrochene in 900-1000 m NN Sicht über 30-50 km. Im Rheintal 5-10 km.

Reparaturwerkstätten

Herr *Reußwig* aus Hasselroth-Gondsroth berichtet, daß er auf dem Fliegerhorst in der Werkstatt beschäftigt war. Zu seinen Aufgaben gehörte dabei das Reparieren von Segelflugzeugen, aber auch das Herstellen von einzelnen Flugzeugteilen. So wurden u.a. in seiner Werkstatt die Rippen für die Tragflächen gebaut. Er erinnert sich, daß er eine besondere Vorrichtung zum Abschleifen des Holzes konstruiert hatte, die viel Zeit bei der Herstellung der Flugzeugrippen einsparte.

Oben: Die Wetterberatung für Überlandflüge mit den Motorschleppmaschinen erfolgte von der Wetterwarte Langendiebach aus.

Bild unten: Der Fliegerhorst in Rothenbergen hatte für den Eigenbetrieb auch eine eigene Wetterstelle.

In der Holzwerkstatt des Fliegerhorstes werden Tragflächen der Segelflugzeuge ausgebessert oder neu hergestellt.

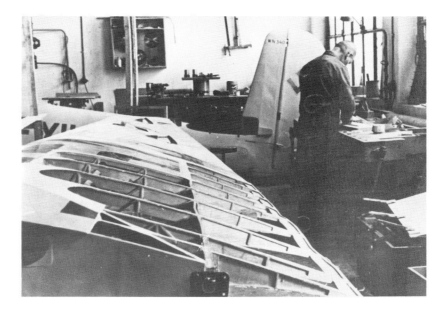

Junger Leutnant als Kunstflieger

„Ich erinnere mich", so Herr *Reußwig* weiter, „daß als Ausbildungsleiter nach Hauptmann Schwede ein junger Leutnant zur Segelfliegerschule nach Rothenbergen kam. Er war Kunstflieger. Abends, da wartete die Bevölkerung schon fast darauf, flog er im Sturzflug einen halben Meter über die Grasnarbe des Flugplatzes."

Anmerkung: Herr *Reußwig* konnte sich nicht mehr an den Namen des „Kunstfliegers" erinnern, es könnte sich aber um Leutnant *Zöllner* gehandelt haben.

Schleppwinde der Marke „Röder" mit einem Opel-Admiral Motor

Ab Juli 1944 bereits akuter Treibstoffmangel

Bereits ab Juli 1944 durfte durch Verfügung des Reichsluftfahrtministeriums keine Schleppmaschine, sondern nur noch die Winde als Starthilfe für die Segelflugzeuge verwandt werden. In einem Schreiben vom 12. Juli 1944 ordnete das RLM u.a. folgendes an:

„Durch die Notwendigkeit der Kraftstoffeinsparung bedingt, wird ab sofort für die Luftwaffe ein neuer Ausbildungsgang für die Schulung im Segelflug befohlen.
Die Schulung erfolgt im Windenschlepp unter Ausschaltung des Flugzeugschlepps (bereits durch Fernschreiben befohlen). Der Seilrückhol-Wagen ist nur bei Hochstarts einzusetzen und auch nur dann, wenn ein Verzug in der Segelflugschulung durch das Zurückholen des Seiles ohne Wagen eingetreten ist.
Sonstige Fahrten auf dem Platz sind grundsätzlich verboten. <u>Für den äußerst sparsamen Einsatz des Wagens ist der Segelflugausbildungsleiter verantwortlich...</u>
...Gegenüber der früheren Ausbildung zum Grundschein wird im neuen Ausbildungsgang von einer Zielsetzung als Leistungsabschluß Abstand genommen.
Der Segelflug ist nur noch ein Mittel zur Auslese. Die Auslese bezieht sich auf die fliegerische, charakterliche und geistige Eignung der Flugschüler.
Die als gut erkannten Flugschüler brauchen, soweit sie vorzeitig in die Motorflugausbildung genommen werden können, den ganzen Ausbildungsgang nicht zu durchlaufen....
....Diejenigen Schüler, die von vornherein als fliegerisch ungeeignet und auch sonst charakterlich und geistig als nicht geeignet erkannt wurden, sind sofort abzulösen..."

Erinnerungsfoto Ende 1942, v. links Oskar Herrmann, ein technischer Prüfer – Name nicht bekannt, Kurt Wieden, Fritz Stradtmann, Gustl Hoffmann, im Cockpit rechts Willi Fischer

Uffz Gutehus im Cockpit eines „Kranich II"

Piloten vor dem „Kranich II" im Winter 1942/43

Pilotenausbildung ohne Rücksicht auf Verluste

Der Befehl des Reichsluftfahrtministeriums bedeutete nichts anders, als daß man, menschenverachtend wie das ganze System nun einmal war, ohne Rücksicht auf Verluste möglichst schnell Piloten in die bereitstehenden Bomber oder Jäger setzte und an die Fronten schickte. Dabei war es zweitrangig, welche Ausbildung die jungen Männer hatten. Hauptsache sie waren mutig und schwindelfrei. Etwas zynisch bemerkt könnte man sogar denjenigen, die für die Fliegerei „charakterlich und geistig nicht geeignet" waren, zu ihrem Glück gratulieren, denn sie hatten vor Kriegsende eine größere Überlebenschance als die Flugtauglichen.

Gerne ließen sich Piloten und Mechaniker zur Erinnerung vor den Schleppflugzeugen fotografieren

Amerikanischer Fliegerangriff auf den Fliegerhorst am 5. September 1944

Durch seine getarnte Lage am Ortsrand von Rothenbergen blieb der Fliegerhorst relativ lange von alliierten Fliegerangriffen verschont. Aber in den Morgenstunden des 5. Septembers 1944 schlugen sie gnadenlos zu. Gruppenfluglehrer *Karl Keß* aus Bad Kissingen erlebte den amerikanischen Fliegerangriff hautnah mit:

„Eine Staffel von Focke-Wulf Fw 190 des Jagdgeschwaders 2, so etwa 20 Stück, stand wie aufgereiht frei auf dem Platz herum. Sie waren von einem Einsatz von der Westfront gekommen und vorübergehend zum Fliegerhorst nach Rothenbergen dirigiert worden. Es war ein herrlich sonniger Tag. Doch plötzlich morgens etwa gegen 10 oder 11 Uhr Fliegeralarm! Wir dachten uns eigentlich nichts weiter dabei, das hatten wir schon öfters. Wir gingen hinaus auf den Flugplatz. Auf einmal sahen wir ziemlich hoch am Himmel, vielleicht in 6-8 tausend Metern Höhe Jagdflugzeuge heranfliegen. Wir konnten den Flugzeugtyp nicht erkennen. Neben mir stand der Spieß. Ich sagte zu ihm: ‚Irgendetwas stimmt da nicht!' Er meinte daraufhin: ‚Die sind bestimmt von einer unserer Jagdschulen!' Und ich antwortete: ‚Die fliegen doch nicht in solchen Höhen!'

Kaum hatte ich diese Feststellung ausgesprochen, da sahen wir sie schon abkippen und im Sturzflug auf unseren Platz herunterkommen. Wir rannten noch ein Stück weiter bis zur Kinzig. Von dort aus konnten wir uns das ganze Schauspiel angucken. Es waren sieben Doppelrumpfjäger des Types ‚Lightning'. Die haben eine Fw 190 nach der anderen regelrecht herausgepickt. Einer kam sogar im Sturzflug an und hat zwischen der Werft und der Feuerwehr eine Jagdmaschine gezielt zerschossen.

Nach 15 Minuten war der ganze Zauber vorbei. Danach sind wir wieder mit den Segelflugzeugen geflogen. Nachmittags gegen 17 Uhr gab es aufeinmal wieder Alarm. Alles rannte abermals hinaus auf den Platz. Da kamen sie an: 35-40 Thunderbold, ein ganzer Verband!

Ich bin sofort unter eine Fw 190 in ein Einmann-Loch gesprungen und in Deckung gegangen. Doch ausgerechnet auf diese Maschine hatten es die Angreifer abgesehen. Ich dachte, wenn sie doch endlich anfangen würde zu brennen, denn dann würden die nicht weiter auf das Ding schießen und ich könnte hier schnell wieder heraus. Doch die Maschine brannte und brannte einfach nicht. Immer wieder schlugen die Geschosse über, rechts und links neben mir ein! ‚Verflixt', dachte ich laufend; wenn sie doch jetzt endlich brennen würde!'

Und irgendwann brannte sie schließlich auch, die Fw 190 über mir. Mit dem Rausklettern aus dem Loch war es wieder nichts, denn jetzt ging die eigene Munition im Flugzeug los. Ich zog den Kopf abermals ein und hoffte, daß das Ding über mir nicht explodieren würde.
Ich hatte Glück! Nach einiger Zeit konnte ich mich aus meiner mißlichen Lage befreien und aus dem Loch herausspringen. Die Amerikaner hatten ganze Arbeit geleistet. Rundherum standen lauter brennende und völlig zerstörte Maschinen."

Segler und Motorflugzeuge standen im Zirkuszelt

Und auch *Hans-Joachim Senssfelder* kann sich noch gut an diesen Tag erinnern:
„Als die Amerikaner im Jahre 1944 den Fliegerhorst in Rothenbergen angriffen, wurden fast 40 Flugzeuge, darunter auch eine Menge Motormaschinen, völlig zerstört. Die Flugzeuge des Fliegerhorstes standen getarnt in einem großen Zelt des Zirkus Sarassani. Es war vollgestopft mit Segelflugzeugen der Typen Kranich, Grunau-Baby und Habicht sowie Motorschleppmaschinen.
Trotzdem hat es keine 8 Tage gedauert und der Flugplatz war wieder voll im Betrieb. Vom Reichsluftfahrtministerium sind in dieser kurzen Zeit wieder Maschinen beschafft worden, obwohl alles knapp war."

Segelflieger mit Leuchtraketen vor dem Tieffliegerangriff gewarnt

Frau *Elisabeth Stradtmann* aus Gründau-Lieblos berichtet von den Erlebnissen ihres Mannes auf dem Fliegerhorst Gelnhausen-Rothenbergen. *Friedrich Stradtmann* war dort von 1942 bis 1944 als junger Feldwebel Segelfluglehrer. Er erlebte den amerikanischen Fliegerangriff am 5. September 1944 auf dem Fliegerhorst hautnah mit. Seine heute 75-jährige Frau erinnert sich noch genau an seinen aufregenden Bericht:
„Als wir von dem bevorstehenden Angriff erfuhren, versuchte sich jeder irgendwo in Sicherheit zu bringen. Aber es waren noch einige Kameraden mit ihren Segelflugzeugen in der Luft. Wir versuchten sie verzweifelt mit dem Abfeuern von Leuchtspurmunition zu warnen und zur Landung zu zwingen. Als der letzte von ihnen auf der Landebahn aufgesetzt hatte, ging der ganze Spuk auch schon los. Ich konnte mich gerade noch durch einen Sprung in ein Einmann-Loch in Deckung begeben. Die Amerikaner flogen über meinen

---

Mittwoch, 22. März 1944

GELNHAUSEN
Stündlich Luftlagemeldungen
über alle deutschen Rundfunksender

Der deutsche Rundfunk hat einen Meldedienst über die Luftlage eingerichtet. Während des Tages und der Nacht werden alle Sender des Reichsprogramms und der Deutschlandsender im Laufe ihrer ganzen Sendezeit zu jeder vollen Stunde eine Meldung über die jeweilige Luftlage geben.

Bei Änderung der Luftlage wird auch zwischen den stündlichen Meldungen eine Mitteilung über die Luftlage gegeben. Der Meldedienst über die Luftlage hat am Dienstag, 21. März, um 18 Uhr begonnen.

Bereits im März 1944 wurde in den Zeitungen – wie hier in der "Kinzig-Wacht" – auf die stündlichen Luftlagemeldungen im Rundfunk verwiesen

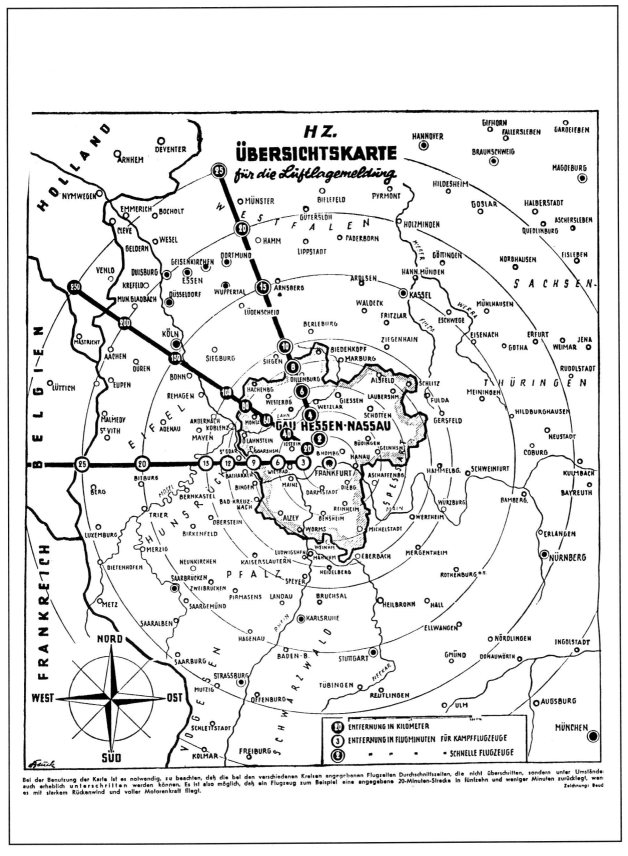

Da die Tieffliegerangriffe amerikanischer und englischer Kampfverbände ständig zunahmen, veröffentlichte die nationalsozialistische "Kinzig-Wacht" in ihrer Ausgabe am 27. Mai 1944 eine "Übersichtskarte für die Luftlagemeldung". Demnach gab es bei Eindringen von feindlichen Flugzeugen in das "Reichsgebiet" von Westen her für das Rhein-Main-Gebiet eine Vorwarnzeit von 20 - 25 Minuten. Mit dem Vordringen der Alliierten nach Osten verringerten sich diese Zeitabstände zwischen Alarmierung und Angriff.

Insgesamt zerstörten die amerikanischen Jagdbomber an diesem 5. September 1944 auf dem Fliegerhorst Gelnhausen-Rothenbergen 24 deutsche Flugzeuge des Types Focke Wulf Fw 190 (Archivbild), zwei Motorschlepp-Flugzeuge und zahlreiche Segler.

Kopf hinweg; rings um mich herum detonierten die abgeworfenen Bomben. Ein großer Teil unserer Jagdflugzeuge, die am Tage vorher von einem Einsatz von der Westfront aus Frankreich gelandet waren, wurde zerstört."
Herr *Stradtmann* starb im Oktober 1991 im Alter von 76 Jahren. Seine Ehefrau erinnert sich daran, daß viele Soldaten aus der Kaserne in Gelnhausen und vom Fliegerhorst Rothenbergen in der Gastwirtschaft ihrer Großmutter verkehrten. Die Gastwirtschaft *Roth* in Lieblos galt damals als beliebter Treffpunkt. Immer wieder tauchten auch Matrosen im Lokal auf. Was die auf dem Fliegerhorst zu suchen hatten, das war streng geheim.

Junge Frauen aus Rothenbergen im „Ein-Mann-Loch". Hier ist noch alles Spaß, aber gegen Kriegsende schützen die Löcher die Horstsoldaten vor plötzlichen Tieffliegerangriffen. Wir erkennen Frau Rein, Frau Hargens und Frau Kern.

Militärisches Nachspiel wegen unterlassener Tarnung

Weshalb die startfertigen deutschen Jagdmaschinen nicht vor dem Luftangriff der Amerikaner aufstiegen, wird wahrscheinlich ein Rätsel bleiben. Der immer wieder geäußerte Spionageverdacht ist bis heute nicht erwiesen.
Frau *Gertrud Göbel* aus Gründau-Breitenborn erinnert sich, daß ab 1944 das Luftgaukommando XII im Block B, der vorher als Unterkunft für die Unteroffiziere der Horstkompanie diente, untergebracht war. Der Chef dieses Kommandos war General von Arnim, dessen Stab auch immer frühzeitig über das Ein-

dringen feindlicher Flugverbände unterrichtet war bzw. rechtzeitig alarmiert wurde.

In den Block B, der zuvor als Unterkunft für die Unteroffiziere diente, wurde ab 1943 das Luftgaukommando XII von Wiesbaden-Erbenheim nach Rothenbergen verlegt.

Frau *Göbel* wörtlich: *„General von Arnim wurde kurz nach dem Luftangriff der Amerikaner am 5. September 1944 von den Nazis zwangspensioniert, weil er die in Rothenbergen am Vortag gelandeten Maschinen der Luftwaffe vor dem Angriff nicht starten ließ, obwohl die Horstkommandantur rechtzeitig vor dem Anfliegen der US-Airforce gewarnt worden war.*
Er hat daraufhin in Breitenborn von der Familie Göbel ein Grundstück gepachtet und eine Behelfswohnung darauf errichtet. Nach dem Krieg, aber noch im Jahre 1945, hat er Göbels dieses Gebäude verkauft. Er ging in seine Heimatstadt bei München zurück."

Flugzeuge nachts in Waldschneise geparkt

Herr *Senssfelder* aus Wächtersbach berichtet, wo gegen Ende des Zweiten Weltkrieges die Flugzeuge zur Tarnung gegen Fliegerangriffe abgestellt wurden:
„Schon ein Jahr vor dem Angriff hatte das RLM verfügt, daß nachts keine Flugzeuge mehr auf dem Fliegerhorst bleiben durften. Teilweise wurden die Maschinen in das Wäldchen links der heutigen Autobahn A 66 gegenüber der Abtshecke zwischen Rothenbergen und Langenselbold geflogen. Dazu wurde mit Sägen und Äxten

eine Schneise geschlagen. Es war jedes Mal eine kriminelle Landung auf engstem Raum und sumpfiger Wiese. Die Flugzeuge standen über die Nacht dort mit Tarnnetzen abgedeckt.

Wir Fluglehrer und auch die Schlepper schliefen in dieser Zeit bei Privatleuten, ich in Niedermittlau. Da bin ich täglich mit dem Fahrrad hin- und hergefahren. Unsere jungen Flugschüler schliefen in Schulen oder Gemeinschaftssälen in der näheren Umgebung.

Der inzwischen gebaute Bunker in Rothenbergen wurde von uns kaum benutzt. Es war aber ein Riesending. Da war ich ein einziges Mal drin. Ansonsten wurden wir bei der Gefahr feindlicher Angriffsflüge über das Myo-Geheimzeichen per Funk gewarnt. Daraufhin mußten eiligst die Maschinen auf dem Platz mit Tarnnetzen abgedeckt werden.

Unser Kontakt und auch der unserer Flugschüler zur Rothenberger Bevölkerung war sehr gut. Allerdings muß man dazu einschränkend sagen, daß wir kaum Freizeit hatten, denn geflogen wurde bis abends kurz vor Einbruch der Dunkelheit."

Bunkerbau an der Frankfurter Straße

Jürgen Gutzke, der heute unmittelbar neben dem Bunkereingang in der Frankfurter Straße in Rothenbergen wohnt, schildert als damals Beteiligter den Bunkerbau wie folgt:

„Im Dezember 1943 wurde mit dem Bau des Bunkers begonnen. Doch eine offizielle Baugenehmigung durch die Organisation Todt, die damals für den Bau militärischer Einrichtungen zuständig war, lag nicht vor. Die ganze Geschichte entwickelte sich auf Anordnung der Kommandatur des Fliegerhorstes mehr oder weniger illegal.

Zunächst wurden die betroffenen Landwirte davon unterrichtet, daß unter ihrem Gelände ein Bunker angelegt wird. Auf Befehl der beiden Kommandeure, General von Arnim für das Luftgaukommando und Major Bäumlein für die Horstkompanie, wurde dann unter der Regie des Fliegerhorstes mit dem Bau begonnen.

Kriegsgefangene aus den Hetternheimer Metallwerken

Dazu verlegte man ca. 50 Kriegsgefangene nach Rothenbergen, die in den ‚Hetternheimer Kupferwerken' – so wurden die Vereinigten Metallwerke im Volksmund bezeichnet – zur Zwangsarbeit einge-

setzt waren. Die armen Kerle, meistens Polen und Russen, pferchte man in die zwei oder drei Munitionsbunker auf dem Fluggelände zum Schlafen auf engstem Raum zusammen. Sie waren mit braunen Arbeitsanzügen und einer runden Kopfbedeckung bekleidet; an den Füßen trugen sie Holzschuhe."

In den Stammlagern wie dem „Stalag IX B Wegscheide" wurden die Kriegsgefangenen registriert und zur Arbeit in ein Außenlager eingeteilt. Eines dieser Außenlager befand sich im Betrieb „Emser Straße" der „Vereinigten Deutschen Metallwerke A.G" in Frankfurt-Heddernheim. Einem Bericht des „Luftwaffenbeauftragten des Industrierates des Reichsmarschalls für die Fertigung von Luftwaffengerät" an den Oberbürgermeister der Stadt Frankfurt ist der katastrophale Gesundheitszustand der russischen Kriegsgefangenen zu entnehmen. Es heißt dort u.a.: *„....Heddernheim hat bei dem Einsatz der russischen Kriegsgefangenen versprochen, die Leute aufzupäppeln, um sie dann allmählich nach Anlernen als volle Kräfte für die Fertigung von Luftwaffengeräten einzusetzen, die das Werk in der Emserstraße 100-prozentig zu erfüllen hat.*

Trotz allem Vorstelligwerden bei dem Wirtschaftsamt war es nicht möglich, genügend Lebensmittel zu erhalten.

Es ist nun die Tatsache festgestellt worden, daß infolge Unterernährung ein russischer Kriegsgefangener bereits gestorben ist. Nach 3-wöchiger Anwesenheit ist inzwischen von dem Betriebsarzt, Herrn Dr. Pitroch, festgestellt worden, daß die Gewichtsabnahme der Kriegsgefangenen im Durchschnitt 2,5 kg pro Kopf beträgt. Ich darf wohl annehmen, daß Sie selbst hierdurch feststellen, daß der Gesundheitszustand der Kriegsgefangenen derart katastrophal ist, daß an ein Einsetzen überhaupt nicht gedacht werden kann...."

Die Kriegsgefangenen aus dem Osten waren nicht durch die Bestimmungen in der „Genfer Konvention" geschützt. Deshalb wurden sie von den nationalsozialistischen Machthabern auch wie Gefangene 2. Klasse, wie sogenannte „Untermenschen" behandelt bzw. mißhandelt.

Man konnte sich also durchaus vorstellen, daß die Kriegsgefangenen froh waren, aufs „flache Land" zu kommen, weil sie sich dort eine bessere Ernährung erhoffen konnten.

Mit Pickel und Schaufel gegen Felsgestein

Herr *Gutzke* fährt in seinem Bericht fort: *„Sie haben unter der Bewachung von Soldaten der Horstkompanie und eines Mannes vom Sicherheitsdienst mit dem Bau begonnen. Dazu hat man ihnen einfach Pickel und Schaufel in die Hand gedrückt. Es war*

eine Schinderei, die kamen in 14 Tagen nur ein bis eineinhalb Meter in den Berg hinein. Der Kommandantur ging das nicht schnell genug.
Daraufhin hat General von Arnim Unterstützung durch Soldaten einer Pioniereinheit aus Aschaffenburg angefordert.
Ich selbst wurde am 27. Dezember 1943 von Frankfurt aus, wo ich mich gerade im Katastropheneinsatz befand, nach Rothenbergen abkommandiert. Wir haben zunächst den Versuch unternommen, mit einem großen Preßlufthammer vorwärts zu kommen. Aber auch dieses Ansinnen war umsonst; wir kamen einfach nicht entscheidend voran.

Endlich gezielte Sprengung

Die Kommandantur ordnete schließlich die gezielte Sprengung von zwei Seiten aus an. Die Kriegsgefangenen mußten das Geröll aus den Stollen schaffen. Es wurde gegenüber der Frankfurter Straße in die Wiese gekippt und ein Weg parallel dazu angelegt. Aufgrund der schweren Arbeit im Stollen ist 1944 ein Gefangener an Unterernährung gestorben
Während des Sprengens entstand im hinteren Teil des Stollens ein größeres Loch. Da zog man später eine Zwischendecke ein. Auf diese Weise entstand, über eine Holztreppe erreichbar, im oberen Teil das Behandlungszimmer des damaligen Stabsarztes Dr. Roskopf. Ebenfalls im hinteren Teil des Bunkers befand sich bei feindlichen Fliegerangriffen der Gefechtsstand, während im vorderen Bereich die Bevölkerung bei Fliegeralarm Schutz suchen durfte.

Methodisten-Kirche als Tarnung

Aus Gründen einer geschickten Tarnung hatten die Militärs natürlich die Lage des Bunkers genau unter der Methodisten-Kirche gewählt, um eine Bombardierung durch feindliche Flugzeuge zu verhindern. Dazu wurde auch am Bunkereingang eine Küche davor gebaut; auf der Gegenseite befand sich ein Offizierskasino. Weiter hinten, oberhalb der Bunkeranlage, errichtete man 5 Behelfsheime, dazu zwei weitere in der 'Hohl'. In ihnen haben gegen Kriegsende die Soldaten des Horstes, aber nur überwiegend die Offiziere, geschlafen, um sich im Ernstfall gleich in der Nähe des hinteren Bunkereinganges in Sicherheit begeben zu können.
Ende April 1944 wurde ich an die Ostfront abkommandiert. Herr Bruno Sykala hat mit einer Gruppe von Gefangenen den Bunker bis zum Kriegsende weitergebaut. Die Anlage, die ursprünglich

eigentlich nur für die Fliegerhorstbesatzung errichtet wurde, bot gegen Kriegsende etwa 1500 Menschen Schutz vor feindlichen Angriffen."

Frau *Edith Höltgen* aus Krefeld kam damals als 22jährige nach Rothenbergen. Bei Fliegeralarm mußte sie im Bunker arbeiten. Sie schildert ihre Erinnerungen in einem Brief:

Ausschachten des Grabens für die Wasserversorgung der Behelfsheime über dem Bunkereingang. In ihnen waren später Teile des Luftgaukommandos XII untergebracht. Bei Alarm konnte man sich schnell im Bunker in Sicherheit begeben.

Arbeitstrupp, wahrscheinlich polnische Kriegsgefangene, die für die Erdarbeiten zur Wasserversorgung im Jahre 1944 eingesetzt waren.

Luftgaukommando unter General von Arnim bei Alarm im Bunker

„Im August 1943 wurde unsere Einheit vom Flughafen Wiesbaden-Erbenheim auf den kleinen Schulungsflugplatz Gelnhausen-Rothenbergen verlegt. Bei unserer Einheit handelte es sich um einen dem Luftgaukommando unterstellten höheren Stab, dem 'Kommando des Flughafenbereiches 2/XII', dem die fliegenden Einheiten auf mehreren Flugplätzen unterstellt waren.
Der die Dienststelle führende Offizier war General von Arnim, der den Krieg überlebte und sich danach in Eurasburg niederließ. Acht Reichsangestellte, Stabshelferinnen in Zivil, arbeiteten bei dieser Dienststelle. Anfangs wohnten wir in einem Gebäude auf dem Flugplatz, später zogen wir in Privatquartiere um.

Im Frühjahr 1944 wurde der Bauingenieur und Architekt, Unteroffizier Otto Höltgen, von Wiesbaden-Erbenheim nach Rothenbergen abkommandiert. Aus Sicherheitsgründen sollte in einem dort gelegenen Berg ein Stollen gebaut werden. Für den Bau des zweihufeisenförmigen Stollens setzte man u.a. polnische oder russische Kriegsgefangene ein. Um die beiden Eingänge von der Straße aus zu verdecken, wurden darüber kleine Fachwerkhäuser gebaut, wovon eines als Küche genutzt wurde.

Vor dem Bunker-Eingang an der Frankfurter Straße wurde zur Tarnung ein Küchengebäude errichtet. Die drei Küchenhilfen stellten sich 1944 einem Erinnerungsfoto.

Das erste, größere 'Hufeisen' diente der Bevölkerung von Rothenbergen zum Schutz. Hinter dem ersten Stollen wurde noch ein zweiter, kleinerer Stollen ebenfalls in Hufeisenform gebaut. Hier war bei Fliegeralarm unser Stab untergebracht. Hinter einer grossen Glasscheibe, auf der Deutschland mit seinen Großstädten aufgezeichnet war, saßen Luftwaffen-Nachrichten-Helferinnen, die jeweils in Spiegelschrift die Einflüge feindlicher Flugzeuge und deren Bombenabwürfe aufzeichneten, so daß auch aus dem Bunker heraus Befehle weitergegeben werden konnten.

Im Winter 1944/45 wurden über dem Stollen Behelfsbaracken errichtet und mit Tarnnetzen abgedeckt. Im März 1945 bezog ein Teil des Stabes diese Baracken. Während bei Fliegeralarm die Zivilbevölkerung in den Stollen ging, arbeiteten wir bis zu einer internen telefonischen Alarmierung weiter. Dann gelangten wir von den Baracken über einen dritten, oberhalb liegenden Eingang in den hinteren Stollen".

Bunker heute aus Sicherheitsgründen gesperrt

Am 18. Mai 1995 besuchten Mitglieder des Heimat- und Geschichtsvereins Gründau und interessierte Bürgerinnen und Bürger mit Genehmigung der Bundesvermögensverwaltung und dem Einverständnis der Familie *Siegert* die Bunkeranlage an der Frankfurter Straße. Unter ihnen auch Bürgermeister *Georg Meyer*. An dieser Stelle sei Herrn *Martin Ludwig* aus Rothenbergen besonders gedankt, der die Genehmigung für

Auch Bürgermeister Georg Meyer besichtigte im Mai 1995 den Bunker an der Frankfurter Straße.

die Begehung des Bunkerbereichs ermöglicht und die organisatorischen Voraussetzungen geschaffen hat. So erhielten die Teilnehmerinnen und Teilnehmer der Bunkerbesichtigung aus Sicherheitsgründen Schutzhelme und Batterielampen vom Katastrophenschutz Gründau.

Der Einstieg in den Bunkerbereich erfolgt über die Kellerräume der Familie Siegert in der Frankfurter Straße. Die in den Sandsteinfels gesprengten Gänge sind heute völlig unbeleuchtet. Die beiden Ausgänge in der Verlägerung der Frankfurter Straße Richtung B 40 nach Langenselbold und in hinteren Bereich zum Wingertsberg sind aus Sicherheitsgründen verschlossen.

Der Bunkerstollen ist heute noch gut begehbar und ist hufeisenförmig angelegt. Teile der gesprengten Gänge wurden ausgemauert. Nur an einer Stelle haben sich größere Sandsteinbrocken gelöst und liegen auf dem Boden.

Die hufeisenförmig angelegten Stollen sind noch gut begehbar. Bis auf eine kleine Stelle im hinteren Bereich ist kaum Felsgeröll heruntergebrochen. Der mit weißen Kalksteinen ausgemauerte Befehlsstand des damaligen Luftgaukommandos XII ist noch erhalten. Auch die betonierte Zwischendecke mit ihrem Einstieg zum Untersuchungszimmer vom damaligen Stabsarzt Dr. Roßkopf ist noch gut einzusehen. Die Stollen sind insgesamt etwa 200 lang in das Felsgestein gesprengt.

Es ist zu überlegen und zu prüfen, ob durch Öffnung des zweiten Ein- bzw. Ausganges an der Frankfurter Straße der Bunker nicht zumindest teilweise für die Öffentlichkeit zugänglich gemacht werden könnte. Die Einrichtung eines Mahnmals zur Erinnerung an die Vorgänge auf dem Fliegerhorst und in der Luft über dem Kinzigtal in der Zeit zwischen 1935-45 böte sich an.

Vom Matrosen zum „Bachstelzenflieger"

Englischer Geheimdienst wunderte sich

Die Rothenberger waren baff, als ihnen im November 1942 plötzlich auf der Straße Matrosen in Marineuniformen begegneten. Daß sie einen Flugplatz hatten und daß dort Ausbildungsgänge der Luftwaffe stattfanden, das wußten sie, aber Marinesoldaten? Nein, das kann doch nicht sein! Aber es war so!

Fluglehrer *Hans-Joachim Senssfelder* erlebte die Ankunft der ersten Matrosen auf dem Fliegerhorst mit:

„Die Rothenberger Bevölkerung konnte sich nur wundern, als eines Tages auf dem Fliegerhorst plötzlich Matrosen in Uniform auftauchten. Doch die ganze Angelegenheit lief unter geheimer Kommandosache und konnte jedem den Kopf kosten, der darüber auch nur andeutungsweise redete.

Der englische Geheimdienst allerdings hatte zumindestens „den Braten bald gerochen". Denn als die Matrosen, die von den U-Booten abkommandiert worden waren, erstmals etwa im Februar/März 1943 in ihren Uniformen auf dem Fliegerhorst zur „Bachstelzenausbildung" auftauchten, da erfuhren wir schon nach eineinhalb Tagen, abends über unseren SABA-Rundfunkempfänger auf dem Kanal der BBC London - das Abhören dieses Feindsenders war natürlich auch streng verboten -, daß der englische Geheimdienst bereits von der Ankunft der U-Boot-Matrosen wußte. Da klang etwa gegen 20 Uhr eine Stimme aus dem Äther: 'Was ist in Rothenbergen los? Was machen dort Matrosen? Aber, das werden wir schon rauskriegen!' Die Schnelligkeit, mit der die britische Spionage bei der hohen Geheimhaltungsstufe hinter die beabsichtigte Ausbildung gekommen war, konnte man nur bewundern."

U-Boot-Marinesoldaten lernen in Rothenbergen das Fliegen

Einige Segelfluglehrer oder Flugschüler erinnern sich noch an diesen Ausbildungsgang in Rothenbergen, der aus waschechten Matrosen quasi über Nacht Flieger eines Tragschraubers machen sollte. Dazu schreibt der ehemalige Bootsmaat *Franz Funke* aus Bremen in einem Brief 1983 an *Klaus Kuka* aus Freigericht Horbach:

„*....für die fliegerische Ausbildung wurden im November 1942 aus drei seemännischen Kompanien der U-Boot-Lehrdivision Pillau je 10 Mann ausgesucht und zur Segelfliegerschule Gelnhausen bei Hanau kommandiert. Unser Lehrgang, der erste für U-Bootfahrer, war das Sonderkommando M2. Im Lehrgang M1 waren die Piloten für Überwasserschiffe vorgesehen.*

Wir erhielten zunächst eine regelrechte Segelfliegerausbildung: ABC im Windenschlepp auf dem Schulgleiter SG 38, später machten wir den Luftfahrschein Klasse 1, der das Fliegen eines einsitzigen Segelflugzeuges erlaubte. Diese Ausbildung dauerte bis zum 19. März 1943. Daran schloß sich die eigentliche Ausbildung auf der Fa 330 an."

Die U-Boot-Matrosen begannen ihre Ausbildung zu „Bachstelzenfliegern" auf dem Schulgleiter SG 38 in Rothenbergen

Soweit zunächst die Zeilen des Bootsmaates Funke, der später als „Bachstelzenflieger" auf dem U-Boot U 861 im Indischen Ozean mit diesem Fluggerät flog.

Technische Daten und Produktion der Fa 330 „Bachstelze"

Was aber verbirgt sich unter der Kurzbezeichnung Fa 330 und warum war die ganze Sache so geheim? Um den Sichtkreis für U-Boot-Besatzungen zu erweitern, wurde Anfang 1942 innerhalb weniger Monate ein motorloser Kleintragschrauber von der Firma Focke-Achgelis in Delmenhorst konstruiert und gebaut. Durch die außerordentlich geringe Flächenbelastung von nur 4 kg pro Quadratmeter konnte die Maschine bereits bei Geschwindigkeiten von 30 km/h an einem Seil wie ein Drachen von einem U-Boot geschleppt werden. Die „Bachstelze" ermöglichte dem Piloten in einer Flughöhe von 50-180 Metern eine weite Sicht über die Meeresoberfläche zur frühen Erkennung feindlicher Schiffe.

Modell eines Tragschraubers „Bachstelze" Fa 330 von der Firma Focke-Achgelis

Der Aufbau war relativ einfach. Der Rumpf des Tragschraubers bestand aus einer Stahlröhre an deren Heck sich rechteckige Höhen- und Seitenflossen befanden. Dahinter hing das Seitenruder. Der Rotor besaß drei Flügel mit einem Gesamtdurchmesser von 7,31 Meter. Die Rotorblätter konnten durch Kippen der Rotoraufhängung gesteuert werden. Sie saß auf einer zweiten Stahlröhre, die nach vorne etwas geneigt auf der Rumpfröhre befestigt war und gleichzeitig den Pilotensitz nach hinten abstützte. Für Start und Landungen waren zwei kleine Kufen angebracht.

Entwicklung des Tragschraubers Fa 330 Focke-Achgelis

Der Tragschrauber ging vor seinem Einsatz zunächst zur Flugerprobung in den Windkanal von Chalais-Meudon, einem Vorort von Paris. Er war damals der größte Windkanal der Welt mit freier Meßstrecke. Der elliptische Luftstrahl mit den Ausmaßen von 8x16 Metern bot einen Luftquerschnitt von ca. 100 Quadratmeter. Die Länge der Meßstrecke betrug immerhin 11 Meter und es wurde dabei eine maximale Luftstromgeschwindigkeit von 162 km/h erreicht. Die Gesamtanlage war fast 100 Meter lang, 20 Meter hoch und 40 Meter breit.
Seine Tauglichkeit bewies der Tragschrauber wie erwähnt schon bei geringen Windgeschwindigkeiten im Fesselflug.
Obwohl die Entwicklungsabteilung der Focke Achgelis-Werke infolge ständiger Luftangriffe inzwischen nach Laupheim verlegt worden war, lief die Serienfertigung in Delmenhorst an, weil die leichten Bauteile der „Bachstelze" bei Fliegeralarm sofort in den Keller getragen werden konnten. Über die weitere Produktion und die Anzahl der gebauten Exemplare gibt es unterschiedliche Angaben. So wird in einer einschlägigen Fachzeitschrift berichtet, daß die Fa 330 nicht von Focke Achgelis, sondern von der Firma „Weser-Flugzeugbau" hergestellt wurde. Es sollen dort insgesamt 200 Exemplare produziert worden sein.
Der Tragschrauber konnte so zerlegt werden, daß er in zwei wasserdichten Röhren oder auch im Rumpf des U-Bootes verstaut werden konnte. Die Zeit für die Montage der Fa 330 vom Augenblick des Öffnens des Röhrendeckels bis zur Startbereitschaft betrug etwa sieben Minuten, das Zerlegen und Verstauen sogar nur ganze zwei Minuten.
Bei Absturzgefahr wurde der Rotor kurz vor dem Berühren der Wasseroberfläche einfach abgeworfen, um den Piloten durch die Drehungen des Rotorblattes im Wasser nicht zu gefährden. Im Falle eines Absturzes aus großen Höhen war ein Fallschirm eingebaut, der nach Abwerfen des Rotors die Restmaschine zusammen mit dem Piloten nach unten schweben ließ. Im Wasser konnte dieser dann seine Sitzgurte lösen.

Die Ausbildung vom U-Bootfahrer zum „Bachstelzenflieger"
recherchiert von *Klaus Kuka* aus Freigericht-Horbach

Herr *Klaus Kuka* hat in den zurückliegenden Jahren mehrere Dokumentationen über die deutsche Kriegsmarine und ihre Rolle im Zweiten Weltkrieg in zahlreichen Büchern verfaßt. Natürlich hat sich dadurch Herr *Kuka* auch über die Vorgänge des in seiner unmittelbaren Nachbarschaft liegenden ehemaligen Fliegerhorstes Gelnhausen-Rothenbergen interessiert. Seine besondere Aufmerksamkeit galt dieser geheimen „Bachstelzeneinsätze", weil sie zunächst auf merkwürdige Weise immer wieder bei seinen Recherchen über die Vorgänge bei der Kriegsmarine und hier insbesondere bei verschiedenen Aktionen der U-Boot-Flotte auftauchten.

Vorweg möchten wir *Klaus Kuka* recht herzlich danken, daß er sein ganzes Wissen und seine Aufzeichnungen über diese „Geheime Kommandosache" unmittelbar vor unserer Haustüre zur Verfügung stellte. Damit erhält der Fliegerhorst in Rothenbergen als Ausbildungsflugplatz für die deutsche Luftwaffe eine wesentlich höhere militärische Bedeutung, als ihm von vielen Zeitgenossen aus der Erinnerung heraus zugestanden wurde.

Aber lassen wir Herrn *Kuka* jetzt selbst das schildern, was seine Nachforschungen über die Ausbildung und den Einsatz der Fa 330 „Bachstelze" zu Tage brachten:

Grundausbildung vom Matrosen zum Segelflugzeugführer in Rothenbergen

„ Als ich zum ersten Mal etwas über die ‚Bachstelze' hörte, wußte auch ich nichts damit anzufangen. Doch der Brief von Bootsmaat Klaus Funke aus Bremen weckte mein Interesse, denn letztlich liegt ja Rothenbergen direkt vor der Tür. Was also lag näher, als hier einmal den Dingen auf die Spur zu gehen.

Den ersten brauchbaren Hinweis bekam ich von Rudi Boss aus Altenhaßlau, der als junger Mann auf dem Flugplatz mit bei den Seilmannschaften dabei war, die die Segelflugzeuge in die Luft zogen. Herr Boss hatte jedoch keine Unterlagen oder etwa Fotos von dem damaligen Geschehen.

Der nächste, den ich aufsuchte, war Heinz Wicklein aus Niedermittlau, der damals ebenfalls als Soldat auf dem Flugplatz war. Hier fand ich dann die ersten Fotos, die einen kleinen Einblick in den Fliegerhorst gaben. Leider war es nicht möglich, auf diesen Fotos die Namen der betreffenden Personen zu bekommen, sieht man einmal vom Obermeister Schwede ab.

Doch auch jetzt gab ich mich nicht zufrieden, denn nun fing es ja erst richtig an, interessant zu werden. So schrieb ich zunächst einmal weitere ‚Bachstelzenflieger' an, so zum Beispiel einen aus dem Bayerischen. Auf meine Frage nach Fotos oder sonstigen Berichten, schrieb er zurück, daß diese Lehrgänge damals „Geheim" waren und es keine Fotos weder von Ausbildern, noch von Piloten gebe. Ja, so schrieb er weiter, bei Nichtbeachtung der Geheimvorschriften

Inhaber besitzt die Genehmigung zur Ausführung von Überlandflügen und Schleppflügen auf A2-Flugzeugmustern Fw 44 und He 72 bei Tage unter einfachen Wetterbedingungen.

Gelnhausen, den 29.)7. 1944.

Major und Kommandeur

Auszug aus dem Flugbuch von Herrn Stradtmann aus Lieblos

stand damals die Todesstrafe. Und er merkte weiter an, daß auf jedem U-Boot drei Mann zur Besatzung gehörten, die als ‚Bachstelzenflieger' ausgebildet waren. Von diesen dürften jedoch nur wenige bei den schweren Verlusten innerhalb der U-Boot-Flotte in den letzten Kriegswochen überlebt haben. Aber er verriet gleichzeitig in seinem Brief, in Rothenbergen bei Gelnhausen und Umgebung müßten eigentlich noch ein paar Kameraden verheiratet sein.

Der letzte Satz spornte mich erst richtig an, nach weiteren Personen zu suchen, die in irgendeiner Form etwas mit dem Flugplatz zu tun hatten. Von Herrn Horn, der auf dem ehemaligen Gelände des Flugplatzes wohnt und der sich ebenfalls schon mit den dortigen Vorgängen bis 1945 befaßt hatte, bekam ich die Anschrift von Herrn Fritz Stradtmann aus Lieblos, einem ehemaligen Segelflugausbilder auf dem Fliegerhorst. Dies war für mich ein wichtiger Schritt, zumal Herr Stradtmann Flugbücher hatte, aus denen die einzelnen Starts ersichtlich waren, die er in Rothenbergen unternommen hatte. Leider verstarb Herr Stradtmann anfangs der 90er Jahre. Doch vorher bekam ich von ihm noch eine ganze Anzahl von Namen samt Anschriften weiterer Ausbilder und Angehöriger der Horstkompanie sowie von der Standortverwaltung."

Demnach zeichneten für die Segelflugausbildung und im besonderen für die Grundausbildung der ‚Bachstelzenflieger' im Sonderkommando „M" folgend Dienstgrade verantwortlich:

Sonderkommando „M" in der Segelflugausbildungsstelle 12/13 Gelnhausen-Rothenbergen

Leitung:	*Major Sarnighausen*

Ausbildungstechnisch unterstand diese Stelle des Sonderkommandos „M" direkt dem Reichsluftfahrtministerium.

Inspizient-See	*Major Laßmann*
Leiter der Segelausausbildungsstelle	*Hauptmann Berke*
Lehrgangsleiter des Sonderkommandos „M"	*Oberleutnant Köhl*
	Leutnant Kühl
Fluglehrer des Sonderkommandos „M" (von Februar bis Oktober 1942)	*Hauptfeldwebel Ferdi Lang*
	Unteroffizier Fritz Stradtmann
Sachbearbeiterin im Sonderkommando „M" in der Verwaltung.	*Frl. Herta Klostermann*

Danach erfolgte die weitere Ausbildung der fliegenden Matrosen auf dem Fliegerhorst in Gelnhausen-Rothenbergen. Die Fa 330 „Bachstelze" wurde dazu mit einem Zweiradfahrgestell ausgerüstet und mittels Windenschlepp hochgezogen.

Doch bevor die Matrosen überhaupt eine Fa 330 besteigen durften, mußten sie, wie bereits erwähnt, eine normale Segelflugausbildung in Rothenbergen durchlaufen. Aus mehreren Flugbüchern geht hervor, daß dazu zahlreiche Windenstarts mit dem Schulgleiter SG 38 und dem Segler Grunau Baby 2a sowie Schleppstarts mit dem Fluglehrer im Kranich 256 erforderlich waren.

Fluglehrer *Senssfelder* erinnert sich, daß die 'Bachstelze' von vielen in der Segelflugschule einfach als 'Ra-Dattel' bezeichnet wurde. Und dann wörtlich:

„Es war schon eigenartig: Die Matrosen hatten Schiß vorm Fliegen und die Flieger Angst vor dem Schiffahren."

Aber lassen wir Herrn *Kuka* an dieser Stelle mit seinen Recherchen fortfahren:

„Nachdem ich nun das Flugbuch des Fluglehrers Fritz Stradtmann in den Händen hatte, interessierte mich natürlich auch, über die Ausbildung der Matrosen ähnliche Aufzeichnungen zu erhalten.

Das erste Flugbuch dieser Art bekam ich von Franz Funke aus Bremen. Aus diesem Dokument ist zu ersehen, daß Funke Starts auf der Autobahn bei Bautzen mit dem Fa 330 hatte, die von Hauptmann Bäumlein am 13. August 1943 in Gelnhausen-Rothenbergen bescheinigt wurden. Zum anderen waren in diesem Flugbuch die Starts auf dem U-Boot U 861 im Indischen Ozean im März 1944 eingetragen, wobei die letzteren alles Windenstarts gewesen sind. Dabei erreichte die Bachstelze eine Höhe zwischen 50 bis 180 Meter. Im Vergleich dazu sind im Flugbuch von Fritz Stradtmann eine Reihe von Starts im Windkanal bei Paris, Schleppflüge auf der Autobahn bei Bautzen und auf dem Ijsselmeer in Holland registriert."

Nr.	Datum	Flugzeug	Start-Zeit	Flug-dauer	Höhe	Wind-richtung und Stärke	Gelände	Startart (G.A.W.B)	Bemerkungen, Prüfungen, Eintragungen des Fluglehrers
918	24.6.43	FA330 13/27		10'		12	Windkanal Paris		Fesselflug
9	25.6.43	" 14/34		10'		"	"		"
920	"	" "		12'		"	"		"
1	26.6.43	" "		10'		"	"		"
2	27.6.43	" "		10'		"	"		"
3	"	" "		5'		"	"		Freiflug
4	"	" "		3'		"	"		Fesselflug
5	"	" "		9'		"	"		Freiflug
6	28.6.43	" "		4'		"	"		Fesselflug
7	"	" "		9'		"	"		Freiflug
8	29.6.43	" "		12'		"	"		Fesselflug
9	30.6.43	" "		3'		"	"		"
930	"	" "		9'		"	"		Freiflug
1	26.7.43	" 82/177	8³⁹	12'		12-14	Reichsautobahn Bautzen	A	Fesselflug
2	"	" "	8	12'		"	"	A	"
933	27.7.43	FA330	21⁴⁶	10'		12-14	Bautzen Reichsautobahn	A	Fesselflug
934	28.7.43	"	4⁴⁵	4'		"	"	A	"
5	9.8.43	" 11/28	9³⁴	11'		"	Zuidersee Schellingwaude	B	"
6	15.8.43	" 7/39	10¹⁹	5'		"	"	"	"
7	"	" "	10²⁴	10'		"	"	"	Hochstart
8	17.8.43		10⁵⁰	4'		"	"	"	"

Auszug aus dem Flugbuch von Fritz Stradtmann über seine Tätigkeit als Segelfluglehrer für die „Bachstelzenausbildung" der Matrosen im Windkanal von Paris, auf der Autobahn bei Bautzen und auf der „Zuidersee" bei Schellingwoude in Holland

Fluglehrer *Stradtmann* befand sich in der Zeit vom 24.-30. Juni 1943 im Windkanal bei Paris und absolvierte in dieser Zeit insgesamt 10 Fessel- und 4 Freiflüge. Im Anschluß daran ging es für drei Tage auf die Autobahn bei Bautzen zum LKW-Schleppflug und danach vom 9.-23. August 1943 nach Schellingwoude ans Ijsselmeer in Holland.

Klaus Kuka aus Horbach bekam weiterhin die Anschrift zu *Dr. med. Jobst Schaefer* in Aurich/Ostfriesland. Daraufhin suchte sein Freund *Martin Reuther* den Arzt während einer Fahrt nach Norddeutschland auf. Und *Dr. Schaefer* konnte ihm freundlicherweise seine Aufzeichnungen über die U-Booteinsätze im Indischen Ozean zur Verfügung stellen.

„Dr. Schaefer selbst war ein leidenschaftlicher Flieger und war kurz vor dem Krieg im Jahre 1938 schon Segelfluglehrer. Der spätere Marine-Oberstabsarzt leitete die „Bachstelzen-Ausbildung" bei Bautzen sowie die Schleppübungen und -versuche hinter einem Flugsicherungsboot auf dem holländischen Ijsselmeer. Er erprobte schließlich die Fa 330 auf dem U-Boot U 862, wo er neben seiner Dienststellung als Bordarzt, Funkmeßoffizier und Verpflegungsmanager auch als Einsatzleiter für die Bachstelze verantwortlich zeichnete."

Herr *Kuka* führt dazu weiter aus: *„Von Herrn Josef Wöhnel in Niedermittlau, der auf dem Fliegerhorst Gelnhausen-Rothenbergen als Mechaniker gearbeitet hatte, erhielt ich die Anschrift von Gerhard Garland in den Vereinigten Staaten. Im März 1993 schickte mir dieser das Foto, auf dem die Teilnehmer, vermutlich des M 2-Lehrganges, abgebildet sind. Es ist mit großer Wahrscheinlichkeit vor den Unterkünften in Schellingwoude bei Amsterdam aufgenommen.*

Ausbildung in Rothenbergen: Geheime Kommandosache

Durch Frau Garland, die sich früher Frl. Hertha Klostermann schrieb und die als Sachbearbeiterin für das Sonderkommando ‚M' tätig war, bekam ich weitere Namen und Tips, an wen ich mich wenden sollte. Gerhard Garland, er hieß vor seiner Auswanderung in die Staaten mit Familiennamen Gnielczyk und war Bachstelzenflieger auf U 872, beschrieb mir wie geheim diese Lehrgänge waren:

'....Die ganze Ausbildung lief unter geheimer Kommandosache und auf eine Verletzung stand die Todesstrafe. Der Ausbilder von Hans Ketterl war Feldwebel Bleck, ein Berliner, der auch Fluglehrer war. Ich selbst saß auf der Bachstelze, als Feldwebel Bleck fotografierte. Dummerweise ließ er die Bilder in Gelnhausen bei der Drogerie

Segelflugausbildung der Bachstelzenpiloten in Rothenbergen, v. links Helmut Friese (mit Handschuhen – er verunglückte später tödlich), Gerhard Gnielczyk (lebt heute in den USA unter dem Namen Garland), Willi Winter und sitzend Gert Budnitz.

Fischinger in der Schmidtgasse entwickeln und die Bediensteten fanden etwas ganz Besonderes an den Fotos und stellten sie im Schaufenster aus. Ein Ausbilder des Sonderkommandos sah sie dort und machte darüber prompt eine Meldung.

Die Angelegenheit wurde daraufhin dem Kriegsgericht des Luftgaukommandos XII/XIII in Wiesbaden übergeben. Inzwischen wurden die Matrosen dieses Sonderlehrganges M 2 zur weiteren Ausbildung abkommandiert. Die Kriegsgerichtsverhandlung fand zu einem späteren Zeitpunkt statt; auch ich war damals nicht mehr in Rothenbergen. Zur Verhandlung wurde ich als Zeuge vorgeladen. Feldwebel Bleck wurde damals aus Mangel an Beweisen freigesprochen. Unter welchen Aspekten der Freispruch zustande kam, ist nicht mehr nachzuvollziehen. Wir waren alle froh über das Urteil, zumal Feldwebel Bleck als Fluglehrer sehr beliebt war."'

Über einen ähnlichen Vorgang in Zusammenhang mit der Bachstelzenausbildung und deren Geheimhaltung kann *Karl Keß* aus Bad Kissingen als Gruppenfluglehrer berichten:

„Ich habe die ersten U-Boot-Matrosen im Lehrgang gehabt. Sie wurden richtig im Segelflug geschult und erhielten eine bestimmte Stundenzahl im Alleinflug. Das waren Matrosen aller Dienstgrade.

Teilnehmer des Lehrganges "M 2" für die Bachstelzenausbildung mit ihren Fluglehrern

Die Kerle waren sichtlich froh, daß sie einmal vom U-Boot herunterkamen. In Rothenbergen waren die nicht zu bremsen. Nachts sind die nach dem Kneipenbummel regelmäßig über den Zaun des Fliegerhorstes gestiegen. Auf den U-Booten mußten sie zu Beginn des Krieges bis zu einem halben Jahr lang auf See bleiben, weil damals die feindlichen Schiffe die Unterseeboote noch nicht so exakt orten konnten.

In meinem Lehrgang waren etwa 25 Matrosen in der Bachstelzenausbildung in Rothenbergen. Wir begannen in der Ausbildung zunächst mit dem Schulgleiter SG 38, stiegen dann aber gleich auf einen Doppelsitzer im Schleppflug um. Immerhin brachten wir die Seefahrer bis zum Luftfahrerschein (heute L 1).

Die ganze Ausbildung unterlag der höchsten Geheimhaltungsstufe. Als die Soldaten auf einer stillgelegten Autobahn bei Bautzen im Schlepp eines LKW's auf der Bachstelze trainierten, da machte Uffz Hock als Fluglehrer dieses Kommandos ein paar Erinnerungsfotos. Er brachte den Film zum Entwickeln in eine Drogerie. Wie es der Zufall wollte, kam ein paar Tage später ein Oberleutnant in das Drogeriegeschäft zum Einkaufen. Bei dieser Gelegenheit fragte ihn die Verkäuferin, ob er nicht die fertigen Bilder von Uffz Hock mitnehmen wolle. Neugierig schaute er in den Umschlag und sah natürlich, daß dieser die ‚Bachstelze' geknipst hatte. Der Offizier machte sofort eine Meldung.

Unteroffizier Hock wurde unverzüglich nach Rothenbergen in Marsch gesetzt, dort degradiert und eingesperrt. Vor dem Kriegsgericht in Frankfurt oder Wiesbaden, ich weiß es nicht mehr so genau, wurde er Gott sei Dank nur wegen militärischen Ungehorsams zu einem Jahr Festung verurteilt. Unser Kommandeur, Major Sarnighausen, hatte es gut gemeint und alles verucht, ihn aus der Festung wieder herauszuholen, denn dort waren die Verurteilten grauenvollen Schikanen und Mißhandlungen ausgesetzt. Der Major hat ihn schließlich dort herausbringen können. Uffz Hock mußte stattdessen an die Front zum U-Boot-Einsatz. Das war sein Todesurteil! Eine paar Tage später wurde ausgerechnet dieses U-Boot vom Feind versenkt."

Konstruktion und Erprobung

Herr *Kuka* aus Freigericht Horbach ging der geheimen Bachstelzenausbildung weiter auf den Grund. Er fährt in seinem Bericht an dieser Stelle fort:

„Einen weiteren Schriftwechsel hatte ich mit Herrn Erich Kühl, der in Gelnhausen-Rothenbergen als junger Leutnant Lehrgangsleiter des Sonderkommandos „M" gewesen war. Kühl fungierte zuletzt als Referent beim Luftsportverband Bayern e.V. und kannte alle Einzelheiten über die Bachstelzenausbildung."

In einer Veröffentlichung des bayerischen Luftsportverbandes in München berichtet *Erich Kühl* über die Entwicklung des Tragschraubers und die Schwierigkeiten bis zur Einsatzbereitschaft. Hier einige wesentliche Auszüge aus seiner Veröffentlichung:

„......Konstruiert und gebaut wurde dieser Aufklärungs- und Beobachtungs-Tragschrauber von Focke-Achgelis, eingeflogen von Flugkapitän Dipl. Ing. Carl Bode.... Als zuständiger Sachbearbeiter für Drehflügler in der Erprobungsstelle Rechlin der deutschen Luftwaffe muß noch Ingenieur Czolbe, ein Studienkollege von Carl Bode, erwähnt werden. Er war maßgeblich an der Forcierung dieses Tragschraubers beteiligt....

....In den Jahren 1942/43 war im U-Boot-Krieg noch keine Rudeltaktik notwendig. Der Erfolg der U-Boot-Einzelfahrer war im wesentlichen dadurch begrenzt, daß wegen der niedrigen U-Boot-Höhe feindliche Schiffe nur aus unmittelbarer Nähe gesichtet werden konnten. In weiterer Entfernung, also über 50 km hinaus war dies wegen der Krümmung der Erdkugel nur schwer oder überhaupt nicht möglich....

.....Das Anlassen des Dreiblatt-Rotors erfolgte bei einem Gegenwind von etwa 35 km/h mittels einer Handkurbel, egal auf wel-

In der Danziger Bucht wurde die „Bachstelze" auf einem U-Boot im Jahre 1942 erprobt.

chem Start- bzw. Landetisch der Tragschrauber plaziert war. Wurde die Drehzahl von 140 U/min nicht in einem flüssigen Anlaßvorgang erreicht, machte sich die gefährliche Bodenresonanz bemerkbar. Durch eingeklinkte Sicherungsseile konnten sechs bis acht Personen die Bachstelze gerade noch bändigen. In der Ausbildung auf fahrendem LKW, auf Flugsicherungsbooten oder beim Windenschleppstart standen diese Halteseile aber nicht zur Verfügung, und der Flug endete dann fast immer mit einem Bruch der Rotorblätter. Mit „Eierseilen" (heute noch bei der Alouette im Einsatz) ließen sich die Schwingungen zwar stark eindämmen, jedoch nicht das starke Rütteln.

Die Start- und Landetische auf den Flugsicherungsbooten und LKW's glichen den verfügbaren Maßen auf den U-Booten von 2,70 m Breite und 70 cm Tiefe. Mittels einer VW-Motorwinde auf dem LKW und auf dem Sicherungsboot, und eines Elektromotors auf dem U-Boot, wurde die Bachstelze aufgelassen und wieder eingezogen. Der Pilot saß völlig frei auf einem Metallsitz, hinter dem sich der hochgeklappte Rotorträger befand.

Bachstelzenerprobung in der Danziger Bucht 1942

Im Vorfeld der Erprobung und der späteren optimalen Ausbildung der Fluglehrer im freien Auto-Rotationsflug (wir waren insgesamt 12 Lehrer) erfolgten auch noch Windenhochstarts. Anstelle der Landekufen trat bei diesen Flügen ein Radfahrwerk."

(Anmerkung: Diese Starts wurden während der Ausbildung auf dem Fliegerhorst Gelnhausen-Rothenbergen absolviert.)

Erich Kühl fährt in seinem Bericht fort: *„Die Piloten verfügten nach abgeschlossener Ausbildung über beachtliche aerodynamische und flugmechanische Kenntnisse. Trotzdem scheiterten Einsätze an den Wünschen der U-Boot-Kapitäne, wenn diese bei Wind mit den Booten volle Kreise fahren oder die Bachstelze gar dem Rückenwind aussetzen wollten.*
Den Einsatz des Tragschraubers an Bord des U-Bootes, bezogen auf die Abhängigkeit von Windrichtung und -stärke, entschied ausschließlich der Bachstelzen-Pilot."
Soweit zunächst die Schilderungen von *Erich Kühl*. Ein anderer, der über sehr genaue Kenntnisse von der Ausbildung der Bachstelzenflieger verfügte, war ebenfalls Fluglehrer in Rothenbergen im dort stationierten Sonderkommando „M".
Fredi Lang aus Sandweier bei Baden-Baden veröffentlichte seine Erlebnisse und Erfahrungen während der Ausbildung in einem Artikel im Aero-Verlag, München, im März 1952, Heft 3.

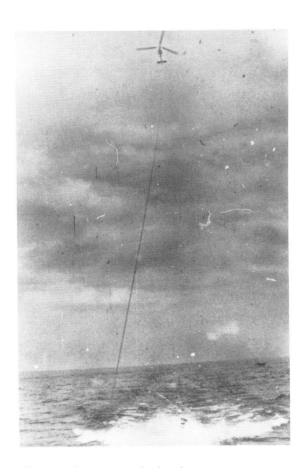

"Bachstelze" am Seil hinter einem U-Boot in der Danziger Bucht im Jahre 1942

Fessel- und Schleppflug auf der Autobahn bei Bautzen

Hier auszugsweise seine Schilderungen über den Ausbildungsabschnitt bei Bautzen auf der Autobahn:

.....In Bautzen wurde auf der Autobahn mit zwei LKW's Opel Blitz und zwei Ford V 8 geschult. Unsere Schulstrecke war zur Zeit der Tragschrauberflüge abgesperrt und lag zwischen Bautzen und Dresden. Die LKW's, die wir zur Schulung hatten, brauchten nicht besonders umgebaut werden. Die Seitenwände wurden durch zwei Stahlseile erhöht. Kurz hinter der Verkleidung des Kraftfahrers wurde eine Seiltrommel (Winde) aufgebaut, die durch einen Volkswagenmotor in Betrieb genommen werden konnte, aber auch mit der Hand zu bedienen war. Hinten hatten wir in Höhe der Seitenwände eine Bühne für die Haltemannschaft und dahinter, etwas erhöht, den Landetisch. Auf dem Dach der Kraftfahrerverkleidung waren eine Fahrtmesserdüse und das Anzeigegerät für den Kraftfahrer sichtbar angebracht. Der Fahrer konnte dadurch die Fluggeschwindigkeit, die der Tragschrauber hatte, besser beobachten. Die Leitung für die Sprechverbindung ging über die Seiltrommel durch das Seil und war mit einer Schnelltrennverbindung am Tragschrauber angeschlossen....."

Fredi Lang berichtet dann in allen Einzelheiten vom Startvorgang und vom Ablauf der Flugübungen auf dem Autobahnteilstück: *Bis zu zehn Stunden Flugzeit mußte jeder Schüler in*

Fesseln, also mit den zusätzlichen seitlichen Halteseilen, fliegen. Diese Zeit war erforderlich, da die Luftströmung im Freien natürlich nicht so gleichmäßig wie im Windkanal bei Paris war. Es war doch erheblich böiger und daran mußte sich der Schüler erst gewöhnen.

Aber dann wurden die Fesseln gelöst und das Starten und Landen geübt, bis zu einer gesamten Flugzeit von 15 Stunden.

Aufenthalt in Bautzen zur LKW-Schleppflug-Ausbildung auf der Autobahn. Das Foto zeigt die Matrosen im Garten ihrer Unterkunft.

War dieser Ausbildungsstand erreicht, löste der Fluglehrer langsam die Bremse der Winde und der Tragschrauber zog das Seil selbst von der Seiltrommel ab. Beim „Ausfahren" mußte der LKW aus Sicherheitsgründen etwas schneller werden. Der Tragschrauber flog dann wie ein Drachen am Seil hinter dem Auto her. Zunächst wurde das Ein- und Ausfahren bis zu einer Höhe von 50 m geübt. Bei einer Flugzeit von 20 Stunden war das Ziel der Autobahnschulung erreicht."

Schulung auf dem Ijsselmeer in Holland

Fredi Lang begleitete danach seine Flugschüler zur weiteren Ausbildung nach Holland: *„Nach der Windkanal- und der Autobahnschulung ging es nach Schellingwoude bei Amsterdam zu einem Seefliegerhorst. Für unser Kommando lagen dort zwei*

Flugsicherungsboote. Auf diesen beiden Booten wurden, wie auf den Autos auch, Winden und Starttisch hinter der Maschinenkajüte am Heck aufgebaut.... Am Ende dieser Schulung mußte jeder Schüler ca. 20 Flugstunden absolviert haben. In diese Zeit waren fünf Flüge von je einer Stunde inbegriffen, bei denen Flughöhen bis zu 450 m erreicht wurden.

Windenschleppmotor auf einem Schnellboot. Mit ihm wurde die "Bachstelze" auf dem Ijsselmeer bei Amsterdam in die Höhe gezogen – Foto 1943

Wichtig dabei war, daß der Flugschüler das sichere Starten und Landen lernte, auch wenn das Boot nicht so ruhig lag wie ein Auto. Durch Seegang wurde ja nicht nur eine seitliche Bewegung hervorgerufen, sondern das Boot hob und senkte sich auch. Der Schüler sollte ebenfalls fliegen können, wenn das Schiff Kursänderungen nach Back- oder Steuerbord vornahm. Diese Kursänderungen wurden bis zu 80 Grad nach beiden Seiten, von der Windrichtung aus gemessen, vorgenommen und immer weiter gesteigert......"

Von der Ausbildung auf der ‚Zuidersee', wie auf holländisch das Ijsselmeer damals genannt wurde, konnte auch *Gerhard Külbel* berichten, der *Klaus Kuka* sein Flugbuch und einige interessante Bilder von der Ausbildung und Gruppenfotos von den Lehrgangsteilnehmern zuschickte. Im Flugbuch finden wir eine Bescheinigung vom 15.03.1943, unterzeichnet vom Leutnant und stellvertretenden Ausbildungsleiter *Medicus* sowie Startbestätigungen auf dem Ijsselmeer, unterschrieben von *Hauptmann Berke*. Insgesamt aber wurden vom Ausbildungsleiter in Rothenbergen, Leutnant Köhl, 195 Starts bescheinigt, wobei auch alle Starts auf dem Fliegerhorst enthalten sind. Weiterhin belegt der Befähigungsnachweis, daß *Gerhard Külbel* auf dem Flugzeugmuster „Bachstelze" ausgebildet und berechtigt ist, diese im Einsatz zu fliegen, ausgestellt am 16.06.1943 von der Segelflug-Ausbildungsstelle der Luftwaffe Gelnhausen.

Das Flugbuch von *Leonard Wagner*, der 1993 verstorben ist, enthält in der Zeit vom 15. August bis 9. September 1943 insgesamt 15 Schleppflüge über das Ijsselmeer mit dem Flugsicherungsboot. Die Flüge wurden mit Stempel vom 29. September 1943 von der Segelflugausbildungsstelle in Gelnhausen-Rothenbergen bescheinigt. *Leonard Wagner* wurde nach abgeschlossener Bachstelzenausbildung auf dem U-Boot U 874 eingesetzt.

Ausbildungsablauf und Standorte

Allen einschlägigen Berichten der damaligen Fluglehrer und deren Schüler zufolge wurde die Ausbildung vom Matrosen zum Bachstelzenflieger in folgender Reihenfolge abgewickelt:

- *Gelnhausen-Rothenbergen:*
  Segelflug-Grundausbildung und Windenschlepps
- *Chalais-Meudon bei Paris:*
  Einweisung der Fa 330 im Windkanal bei gleichbleibender Anblasgeschwindigkeit von 35 km/h
- *Bautzen in Sachsen:*
  Starten und Landen mittels eines fahrenden LKW's auf einem stillgelegten Autobahnteilstück bei leicht wechselnden Windrichtungen und Geschwindigkeiten. Hochstarts erfolgten an der Winde auf dem Flugplatz in Litten
- *Ijsselmeer in Holland:*
  Start- und Landeübungen auf einem Flugsicherungs-Begleitboot bei schlingender See
- *Pillau in Ostpreußen:*
  Einweisung auf einem U-Boot

- **Bordeaux in Frankreich:**
  Einstieg in U-Boote der Monsun-Klasse IX D 2

Kriegseinsatz der Bachstelze Fa 330

An Bord der Fernfahrt-U-Boote befand sich eine dreiköpfige Fa 330-Mannschaft aus Marinesoldaten. Sie hatten eine komplette Tragschrauberausbildung in den vorgenannten Standorten absolviert. Der Kriegseinsatz erfolgte ausschließlich auf den U-Booten der Monsunklasse für die deutsche Kriegsmarine in Ostindien und der Karibik. Für den europäischen Einsatz im Nordatlantik war die „Bachstelze" nicht geeignet, weil die U-Boote oftmals in Sekundenschnelle bei Feindberührung abtauchen mußten und somit überhaupt keine Zeit mehr für ein Verstauen eines Tragschraubers vorhanden war.

Der Kommandant des U-Bootes U 523, Werner Pietsch, betätigt sich als „Bachstelzenflieger".

Kurt Wieden aus Solingen war damals ebenfalls Fluglehrer im Sonderkommando „M". Er hatte darüber hinaus die Aufgabe, die Matrosen nach ihrer Ausbildung direkt auf den U-Booten als Bachstelzenflieger einzuweisen. In dieser Funktion begleitete er zunächst das U-Boot U 177 auf seinen Kriegsoperationen vom 1. April bis 1. Oktober 1943, um die Einsatzmöglichkeiten und das Flugverhalten im Ernstfall auf einem U-Boot zu testen. Die Starts und Landungen der Bachstelze wurden während der Fahrt und im Einsatzbereich genau aufgezeichnet. *Kurt Wieden* stellte Herrn *Kuka* einige Protokollauszüge von diesem Kriegseinsatz zur Verfügung. Daraus ist folgender Hergang zu entnehmen:

Das U-Boot U 177 unter dem Kommandanten *Robert Gysae* am 1. April 1943 vom Nordatlantik in Richtung Südatlantik mit Ziel Indischer Ozean aus. Die jeweils genauen Positionsangaben sind im Kriegstagebuch verschlüsselt aufgeführt. Es ist festgehalten, daß ab dem Breitengrad auf der Höhe von Madeira die Bachstelze laufend geflogen wurde. Sie sei bis zu einem Seegang 4, also bis zu mittelhohen Wellen, voll einsatzfähig. Schon am 21.Mai 1943 hatte die Bachstelze auf der Fahrt zum Indischen Ozean 60 Starts mit insgesamt 18 Flugstunden hinter sich, und das mit immer noch dem ersten Rotorblattsatz. Am 29. Mai stieß U 177 auf einen feindlichen Geleitzug. Nach See- und Luftortung griff das deutsche U-Boot an und versenkte einen Tanker und zwei Frachter mit insgesamt 24 000 Brt. Ende Juli/Anfang August 1943 ist U 177 in seinem Einsatzgebiet im Indischen Ozean. Nach mehreren Starts steigt die Bachstelze am 5. August morgens exakt um 11.08 Uhr wieder zur Feinderkundung auf. Aus einer Höhe von 100 Meter über dem Meer macht der Pilot in westlicher Richtung einen feindlichen Dampfer aus. Das U-Boot stößt mit Höchstfahrt nach; es ist mittelschwerer Seegang. Um 12.15 Uhr Ortszeit hat das U-Boot den Dampfer in 10 Grad westlicher Richtung in Sicht. Seine Geschwindigkeit beträgt 8,5 Seemeilen. Um 16 Uhr bereitet die Besatzung einen Angriff vor. Um 16.38 taucht U 177 bei abgeschlossener Dämmerung zum Unterwasserangriff ab. Dabei wird der Dampfer aber zeitweise wieder verloren. Doch kurz vor dem Abschuß hat die Besatzung das feindliche Schiff wieder in 1500 Meter Entfernung geortet. Um 17.45 feuert das deutsche U-Boot aus Rohr II und IV zwei Torpedos in einer Unterwassertiefe von 3 Metern und einer Fahrtgeschwindigkeit von 8,5 Seemeilen ab. Die Folgen sind verheerend. Nach einer Minute und 20 Sekunden hört die U-Boot-Besatzung die beiden Detonationen. Der Frachter ist mittschiffs und achtern getroffen. Er sinkt sofort. Mit der Stabantenne stellt der Funker von U 177 fest, daß das feindliche Schiff nicht mehr gefunkt hat.

Das U-Boot taucht sofort auf und nimmt Kurs auf das einzige Rettungsboot mit Überlebenden. Von der 45köpfigen Besatzung können 25 Mann gerettet werden. Bei dem torpedierten Schiff handelte es sich um den griechischen Frachter „Efthalia Mari", der mit einer Kohleladung von Durban nach Aden unterwegs war.

Den Aufzeichnungen dieses Kriegseinsatzes ist zu entnehmen, daß die Bachstelze insgesamt mehr als 150 Starts hinter sich gebracht hatte. Wenig später muß allerdings ein Diesel-Brand an Bord die Rotorblätter der „Ersatz-Bachstelze" vernichtet haben, bevor er wieder gelöscht werden konnte.

Im Februar 1994 erhielt *Klaus Kuka* in Horbach eine Ansichtskarte von *Kurt Wieden* aus Mauritius. Er schreibt dabei u.a.:

„.....Zur Zeit verlebe ich mit meiner Frau hier auf der Insel einen Urlaub. Im Frieden wollte ich nochmal dorthin, wo ich 1943 mit dem Tragschrauber Fa 330 von Bord U 177 Aufklärung geflogen bin. Im Juli 1943 wurden wir auf der Höhe von Mauritius von der Hamburger ‚Charlotte Schliemann' versorgt..."

In Rothenbergen ausgebildete Bachstelzenpiloten

Die Nachforschungen von *Klaus Kuka* ergaben, daß u.a. folgende Matrosen zu Bachstelzenpiloten auf dem Fliegerhorst Gelnhausen-Rothenbergen ausgebildet und während der späteren Ausbildungsgänge von der Segelflugausbildungsstelle im Sonderkommando „M2" betreut wurden:

Kurt Wieden, zunächst Fluglehrer, später Offiziersanwärter der Luftwaffe und Bachstelzenflieger auf U 177, *Werner Pietsch*, Kommandant von U 523 und selbst Bachstelzenflieger, *Dr. Jobst* Schaefer, Bordarzt von U 862 und Bachstelzenflieger. Zur Besatzung des U 861 gehörten die Bachstelzenflieger *Richard Lommel, Hans Ketterl* und *Franz Funke*, zur Besatzung des U 872 Gerhard Garland (früher Gnielczyk), *Jupp Jedtfeld* und Matrose *Ertelt*, zum U 873 Hermann Geiger, Gerhard Külbel und *Wilhelm Ohmstede*, zum U 874 Leonard Wagner, Paul Schmidt und *Kurt Weinberg*. Weiterhin konnten folgende Marinesoldaten als Bachstelzenpiloten ermittelt werden: *Peter Gehring, Willi Winter, Heinz Blieninger, Gert Budwitz, Erich Schlegel, Helmut Rodde, Walter Loch, Hans Kollenda, Eugen Feil, Helmut Vogel, Willi Mager* und *Fritz Vogel*. Bei folgenden Matrosen sind die Vornamen nicht mehr bekannt: *Kramm, Albs, Batussek, Epple, Geiger* und *Albertus. Helmut Friese* ereilte ein schlimmes Schicksal. Er wurde bei einem Segelflug in Rothenbergen von einem anderen Flugzeug in der Luft gerammt und beim darauffolgenden Absturz tödlich verletzt.

Vom Stummelhabicht zur Me 163

Entwicklung und Einsatz des ersten Raketenjägers

Im Jahre 1936 hatte *Professor Lippisch* bei der DFS (Deutsches Forschungsinstitut für Segelflug in Darmstadt-Griesheim) mit der Konstruktion eines schwanzlosen Raketenflugzeuges begonnen. Die ganze Entwicklung basierte auf einem Flüssigkeits-Raketenmotor, den der Kieler Chemiker *Hellmuth Walter* der Deutschen Versuchsanstalt für Luftfahrt (DVL) zur Verfügung gestellt hatte.

An dem Projekt wurde fieberhaft weitergearbeitet. Als *Walter* einen weiteren, jedoch wesentlich stärkeren Raketenmotor ankündigte, begann *Lippisch* mit der Konstruktion von zwei Zellen für Hochgeschwindigkeitsflüge. Diese Maschinen, die Me 163 V-1 und die Me 163 V-2, wurden im Frühjahr 1941 schließlich fertiggestellt. Doch die neuen Walter-Raketentriebwerke standen noch nicht zur Verfügung. Dennoch begann unter dem Flugkapitän *Heini Dittmar* die Flugerprobung als Gleitflugzeug in Augsburg. Hochgeschleppt zeigte die Me 163 trotz der kurzen Flügel beachtlich gute Gleiteigenschaften.

Im Sommer 1941 war der starke Raketenmotor von *Walter* schließlich fertig. Bereits beim vierten Testflug wurde unter *Heini Dittmar* der bestehende Welt-Geschwindigkeitsrekord übertroffen. Die Me 163 V-1 erreichte am 2. Oktober 1941 erstmals 1002 km/h. Das war für das Reichsluftfahrtministerium das Signal, aus diesem Versuchsflugzeug einen bewaffneten Abfangjäger entwickeln zu lassen.

Inzwischen hatte *Walter* ein noch stärkeres Triebwerk entwickelt. Die höhere Leistung wurde unter höheren Temperaturen und einem neuen Brennstoffgemisch aus einem Hydrazin-Hydrat mit Methylalkohol erzielt. Der Treibstoff war allerdings hochexplosiv.

Nach der Endphase der Erprobung wurden im Jahre 1944 an die Luftwaffe 327 Me 163 und 1945 immerhin noch 37 Stück geliefert.

Die Landung war der schwierigste Teil des Fluges – durch die hohe Landgeschwindigkeit auf einer Kufe, aber vor allem durch eine mögliche Explosion von Treibstoffresten bei harter

Der Raketenjäger Me 163 A wurde zur Schulung von den Wolf Hirth-Werken in der Gleiterausführung gebaut. Sie entsprach in der Ausführung vollkommen der Me 163 V-1 mit einem Walter-Triebwerk von 750 kp Schubleistung. Vor der Landung wurde das Fahrwerk abgeworfen und auf einer Kufe gelandet. Die Me 163 B im Deutschen Museum in München (Bild) ist die Weiterentwicklung der A-Reihe.

Landung. Und so war es in der Tat nicht verwunderlich, daß bei Landungen mehr Verluste entstanden, als durch feindliche Abschüsse. In beiden Fällen gab es allerdings für die Piloten kaum eine Rettungschance.

Geheime Ausbildung auf dem Stummelhabicht in Rothenbergen

Über den geheimen Aussbildungsgang der Piloten, die im Anschluß an eine Segelflugzusatzausbildung auf der Me 163 weitergeschult wurden, berichten *Hans-Joachim Senssfelder* aus Wächtersbach und *Karl Keß* aus Bad Kissingen. Zunächst *Herr Senssfelder:*

„*Die Segelflugschule in Gelnhausen Rothenbergen war mit einer geheimen Schulung betraut: Die Vorschulung über den ‚Habicht' mit 14 Meter Tragfläche zum ‚Stummelhabicht' von 8 auf 6 Meter Tragflächenlänge hin bis zur Schulung zur Me 163, dem ersten Raketenjäger überhaupt, der in Fliegerkreisen als ‚sagenhaftes Kraftei' bezeichnet wurde.*

Der Habicht war voll kunstflugtauglich und bis zu einer Geschwindigkeit von 420 km/h senkrecht sturzfähig. Mit ihm waren Loopings nach vorne ohne weiteres möglich.

Die Anfangsausbildung in den sogenannten K-Lehrgängen für diesen Raketenjäger lief in Rothenbergen etwa vom Oktober 1943 bis zum September 1944 zunächst über den ‚Kranich II' an und wurde auf dem ‚Habicht' fortgesetzt. Letzterer war von den Fluganforderungen her voll kunstflugtauglich."

Aus dem Ausbildungsplan für diese K-Lehrgänge ist zu entnehmen, daß die Piloten u.a. mit Trudeln, Überschlag, hochgezogener Kehrtkurve und Seitengleitflug höchsten fliegerischen Anforderungen unterzogen waren. Bereits nach dem Fliegen des Kranich und noch vor dem Umsteigen auf den „14 m-Habicht" wurden die Piloten überprüft. Bei Nichteignung wurde bereits hier die Ausbildung abgebrochen.

Karl Keß fliegt die Me 163 A

Karl Keß hatte als Gruppenfluglehrer auch das Kommando über die fliegerische Ausbildung auf dem „Habicht":
„Der von Messerschmidt entwickelte Raketenjäger sollte den Luftkrieg noch zugunsten Deutschlands entscheiden. An seiner Weiterentwicklung wurde fieberhaft gearbeitet.
Ich hatte in Rothenbergen ein Jahr das Kommando über die fliegerische Ausbildung auf dem ‚Habicht' und dem ‚Stummelhabicht' etwa von 1943 an. Der Fliegerhorst war direkt mit dem Reichsluftfahrtministerium in Berlin telefonisch verbunden und auch befehlsmäßig unterstellt.

Segelflugausbildung auf dem 6-Meter-Stummelhabicht in Rothenbergen für die Piloten der Me 163 Dieses seltene Foto von Fritz Stradtmann entstand im Winter 1943/44

Wenn die Me 163 scharf, also mit dem Raketenantrieb versehen war, ist sie vom Boden aus gestartet worden. Der flüssige Raketenbrennstoff wog etwa 1,5 Tonnen. Durch die Vermischung mit Sauerstoff wurde eine unheimliche Schubkraft erzeugt. Allerdings dauerte dieser Schub nicht lange. Deshalb konnte die Me 163 auch nur als Abfangjäger eingesetzt werden. Wenn die feindlichen Maschinen im Verband ankamen, stieg sie auf, versuchte 2-3 Maschinen vom Himmel zu holen, dann war der Raketenantrieb erschöpft. Der Raketenjäger wurde danach wieder auf einer Kufe gelandet. Ein Pilot, der beim Start im Antrieb Versager hatte oder bei der Landung nicht mit der Landebahn auskam, war er ein toter Mann, denn die Maschine flog dann wie eine Granate in die Luft. Der flüssige Raketenbrennstoff war unwahrscheinlich explosiv und sehr ätzend. Da durfte man nicht mit dem Finger hineinkommen.

Aus diesen Gründen mußte die Me 163 beim Landen unbedingt auf dem Landekreuz aufgesetzt werden. Das wurde immer wieder mit dem Stummelhabicht in Rothenbergen geübt, weil sonst die Landebahn im Ernstfall nicht ausreichte. Wer diese zielsichere Landung nicht schaffte, der wurde gleich abgelöst und kam nie auf eine Me 163.

Da ich für das ganze Reichsgebiet die Vorausbildung mit dem Stummelhabicht für den Raketenjäger in Rothenbergen organisierte, wollte ich natürlich den Vogel auch selbst einmal fliegen, um zu wissen, wie er zu steuern ist. In Obertrauring bei Regensburg habe ich diese ‚Wunderwaffe', die Me 163 A, dann selbst geflogen. Dazu wurde ich mit einer Me 110 C hochgeschleppt und bin dann im Gleitflug auf der Kufe wieder gelandet. 6-7 Flüge konnte ich auf diese Weise machen. Ende Januar oder Anfang Februar 1945 flog das Kommando dann auf. Die Flüge mit der Me 163 wurden weitestgehend eingestellt.

Testflieger mit der V 1 – Reichenberg – über der Mecklenburgischen Seenplatte

Im Januar 1945 wurde ich vom Fliegerhorst Gelnhausen-Rothenbergen nach Rechlin nordwestlich von Berlin abkommandiert. Dort fanden bemannte Testflüge der V1-Reichenberg statt. Die Rakete konnte mit und ohne Schub fliegen. Dazu wurden wir von einer Me 111 bis auf 1000-1500 Meter Höhe geschleppt. Die V1 war an den Tragflächen befestigt und ich saß da drin. Nach dem Ausklinken flog ich im Gleitflug bis zur Landung. Diese erfolgte ebenfalls auf Kufen.

Karl Keß lernt 1945 Wernher von Braun kennen

In dieser Zeit kam ich öfters nach Peenemünde. Dort lernte ich Wernher von Braun kennen. Die V 1, die ursprünglich dafür gedacht war, daß sie von der Kanalküste in Richtung England abgefeuert werden sollte-was ja auch geschah-, hatte nach der Landung der Alliierten in der Normandie praktisch ihre Daseinsberechtigung verloren. Trotzdem kamen in der Luftwaffe noch einige Verrückte auf die Idee, sie mit Kamikaze-Fliegern Richtung Frankreich fliegen zu lassen. Es war kaum zu glauben: es haben sich damals etwa 170 Mann für diesen Selbstmord-Einsatz gemeldet. Das waren nicht etwa Kriegsverbrecher oder abgeurteilte Strafgefangene, nein, da hatten sich ganz ‚normale' Flugzeugführer bereit erklärt.

Zu einem Einsatz ist es Gott sei Dank nicht mehr gekommen, weil die Kriegsereignisse der letzten Wochen alles über den Haufen geworfen hatten. Wahrscheinlich wäre auch nur noch ein Zehntel der Freiwilligen mit der V1 überhaupt bis zu den feindlichen Linien vorgestoßen."

Soweit der Erlebnisbericht von Karl Keß über die Kriegsereignisse bei der Luftwaffe kurz vor dem Zusammenbruch.

Zur Person: Karl-Ernst Keß

Karl-Ernst Keß lebt heute in Bad Kissingen im Ruhestand, aber seine Leidenschaft als Flieger ist immer noch vorhanden.

Karl-Ernst Keß aus Bad Kissingen gehört zweifellos zu den bekanntesten deutschen Segelfluglehrern. Der heute 81jährige leitete von 1960 bis zum Eintritt in den Ruhestand im Jahre 1977 auf der Wasserkuppe die dortige Segelflugschule. Er wurde für seine Leistungen und sein fliegerisches Können mit den höchsten Auszeichnungen geehrt.

Schon vor dem Krieg, exakt im Jahre 1938, erhielt *Keß* die Berechtigung, sich als Motorfluglehrer im militärischen und zivilen Bereich zu betätigen. Bereits im Jahre 1935 ernannte man ihn zum Segelflughauptlehrer und berief ihn 1937 an die Segelflugschule Hesselberg in Mittelfranken, der er ab 1939 als Schulführer vorstand.

Durch die hektische Betriebsamkeit der deutschen Luftwaffe, vielleicht doch noch das Ruder der drohenden Niederlage durch Entwicklung von „Wunderwaffen" herumreißen zu können, wurde er kurz vor Kriegsende als Testflieger mit dem Lastensegler DFS 230, der Gotha Go 242 und der Me 321-Gigant vertraut.

Heute weist das Flugbuch von *Karl Keß* weit über 17 000 Flugstunden aus, die er in etwa 106 000 Starts erreichte. Aber ohne Unfälle kam auch er nicht aus. Während eines Gewitterfluges im Jahre 1942 in 5.500 Meter Höhe brachen in der starken Turbulenz beide Tragflächen seines „Bussards" ab und er mußte mit dem Fallschirm aussteigen.

Im gleichen Jahr wurde der Fallschirm abermals zu seinem Lebensretter. Bei einem Schleppflug rammte seine Motormaschine ein anderes Flugzeug. Es gelang ihm zwar noch, seine steuerlose Maschine bis auf 1000 Meter herunter zu manövrieren, doch war an eine sichere Landung nicht mehr zu denken. Der Absprung mit dem Fallschirm war die letzte Chance.

Als er 1944 mit einer Messerschmidt Me 109 unterwegs war, versagte plötzlich der Motor. Eine Notlandung blieb gesundheitlich nicht ohne Folgen. Bei der Bauchlandung in unwegsamem Gelände zog er sich eine Wirbelsäulenverletzung zu, die ihm heute noch zu schaffen macht.

Sein erfolgreichstes Jahr im Segelflug war 1962. Bei Höhenflügen im Mistral von Fayence erreichte er eine Höhe von 8000 Meter. Den Wasserkuppenrekord im Streckenflug verbesserte er mit einem Flug über 600 Kilometer nach Corbignie in Südfrankreich. Die erfolgreichen Leistungen reichten zum Erwerb des „Goldenen Leistungsabzeichens" (Nr. 207) und der Gold „C" mit drei Diamanten (Nr. 242)

Karl Ernst Keß in einem Doppelsitzer ASK 13 mit Wernher von Braun im Jahre 1975 auf der Wasserkuppe

Herrn Karl-Ernst Kess
der, ebenso wie ich, behilflich war, Neil Armstrong zu seinen schönsten Flügen zu verhelfen.
Wernher Braun   *Wasserkuppe, 24. Mai 1975*

Wernher von Braun bedankt sich mit Schreiben vom 4. Juni 1975 für die schönen Stunden auf der Wasserkuppe bei Karl-Ernst Keß.

Karl Keß fliegt Neil Armstrong, der 1969 als amerikanischer Astronaut als erster Mensch den Mond betrat, mit einem Segelflugzeug am 8. August 1970 von der Wasserkuppe zu einem Empfang nach Bad Kissingen. Das Foto zeigt die Begrüßung in Bad Kissingen.

Auf die Rückseite des Fotos schrieb Wernher von Braun die nebenstehenden Zeilen.

Zu den absoluten Höhepunkten seiner fliegerischen Karriere gehörte der Flug in einem Doppelsitzer von der Wasserkuppe mit Fluggast Neil Armstrong am 8. August 1970 zu einem großartigen Empfang nach Bad Kissingen. Der berühmte amerikanische Astronaut hatte ein Jahr vorher als erster Mensch den Mond betreten.

Ein weitere Höhepunkt war sein Wiedersehen mit Wernher von Braun auf der Wasserkuppe im Mai 1975, mit dem er anschließend ebenfalls in einem Doppelsitzer zu einem Flug über die Rhön startete.

Abstürze und Notlandungen im Kinzigtal in der Zeit zwischen 1939 und 1945

Anhand von Aufzeichnungen und Unterlagen aus dem Flugzeugmuseum in Gelnhausen-Hailer sowie durch Aussagen verschiedener Augenzeugen, konnten nachfolgende Abstürze und Notlandungen mit oder ohne feindliche Einwirkung aufgelistet werden. Die Aufzählung erhebt keinen Anspruch auf lückenlose Erfassung.

Absturz einer Heinkel He 111 am 7. Juni 1939 um 17.35 Uhr über dem Stadtgebiet von Gelnhausen (Bericht auf Seite 27)

Absturz einer Messerschmidt Me 110 während des Landeanfluges zum Fliegerhorst Gelnhausen-Rothenbergen nach der Kollision mit einem Segelflugzeug im Jahre 1941.

Absturz einer Junkers Ju 88 im fürstlichen Wald zwischen Bad Soden-Salmünster und Schlierbach Ende März oder Anfang April 1941 (Bericht auf Seite 114).

Notlandung eines Flugzeuges vom Typ Fieseler Storch bei Wächtersbach-Hesseldorf. Nach Aussage eines Augenzeugen soll ein russischer Kriegsgefangener den Piloten aus der Maschine befreit haben.

Absturz einer Boeing B17 am 17. August 1943 am Bahndamm hinter Lieblos (Ausführlicher Bericht vom amerikanischen Angriff auf Schweinfurt unter dem Titel „Eagle's Wrath stürzt brennend auf Lieblos" auf Seite 114).

Absturz einer amerikanischen Boeing B17 bei Großkrotzenburg wahrscheinlich während des Angriffes auf Schweinfurt am 17. August 1943. Weitere Daten liegen nicht vor.

Absturz einer Boeing B17 Flying Fortress über dem Gelnhäuser Wald (Gemarkung Dürich) durch Beschuß einer deutschen Flakstellung

Zwei Notlandungen im Gelnhäuser Wald (Gemarkung Dürich). Wahrscheinlich handelte es sich um einen amerikanischen und einen deutschen Jäger nach einem Luftgefecht. Das Schicksal der Besatzung ist unbekannt.

Absturz eines Flugzeuges vom Typ Ju 88 bei Mernes nach einem Luftkampf im Winter 1943. Alle Besatzungsmitglieder kommen ums Leben. Weitere Daten liegen nicht vor.

Absturz eines Flugzeuges vom Typ Focke Wulf FW 190 bei Mernes, direkt neben der Ju 88, nach einem Luftkampf im Winter 1943. Weitere Daten liegen nicht vor.

Absturz eines amerikanischen Flugzeuges des Types Halifax bei Mernes in etwa 1 km Entfernung von den beiden deutschen Maschinen nach einem Luftkampf im Winter 1943. Weitere Daten liegen nicht vor.

Absturz eines deutschen Nachtjägers des Types Junkers Ju 88 G-1 am 28.9.1944 zwei km westlich von Niedergründau am „Franzosenkopf". Die Besatzung kommt ums Leben. Die Flugzeugteile sind über ein weites Gebiet verstreut. (Bericht auf Seite 120)

Absturz einer Focke Wulf FW 190 bei Gelnhausen-Haitz durch den Abschuß eines amerikanischen Jägers am 18.11.1944 nach einem Luftkampf (Bericht auf Seite 122).

Absturz einer Focke Wulf FW 190 A-8 vor Höchst, rechts von der Bundesstraße, am 18.11.1944 nach einem Luftkampf, die sterblichen Überreste des Piloten befinden sich vermutlich noch in der Maschine (Bericht auf Seite 121)

Absturz eines deutschen Jägers des Types FW 190 am 18.11.1944 am Ortsrand von Eidengesäß. Der Pilot kommt ums Leben. (Bericht auf Seite 122).

Absturz einer FW 190 am 18.11.1944 bei Hoch-Eich in der Nähe von Geislitz, der tote Pilot kann geborgen werden (Bericht auf Seite 122).

Absturz einer FW 190 am 18.11.1944 in der Gemarkung „Gerichtswald" im Gebiet von Eidengesäß-Breitenborn in der Lützel. Die Maschine bleibt in einer Baumkrone hängen. Ein MG 15 und Munition wurden vor einigen Jahren noch gefunden (Bericht auf Seite 122).

Absturz einer FW 190 bei Bernbach am 18.11.1944. Der Pilot stirbt, da sich nach dem Absprung der Fallschirm nicht öffnet (Bericht auf Seite 123).

Absturz einer Me 109 in Lützelhausen mit anschließendem Großbrand einer Scheune am 18.11.1944 nach einem Luftkampf (Bericht auf Seite 122).

Notlandung einer amerikanischen Thunderbolt P47 nach Abschuß durch einen deutschen Jäger am 18.11.1944 bei Lützelhausen. Der Pilot bleibt unverletzt.

Absturz einer amerikanischen Flugzeuges vom Typ Lancaster bei Hammersbach-Niederdorfelden im Oktober 1944. Weitere Daten liegen nicht vor.

Absturz einer Messerschmidt Bf 110 G-4 bei Gründau-Breitenborn im Wald am 6.12.1944 durch Abschuß. Drei Besatzungsmitglieder kommen ums Leben (Bericht auf Seite 125).

Notlandung einer B17 Flying Fortress in den Hailerer Wiesen an der Kinzig in der Nähe von Gelnhausen-Roth – Weitere Daten liegen nicht vor.

Notlandung eines amerikanischen Jägers vom Typ Mustang in den Hailerer Wiesen zwischen dem Bahnübergang und der heutigen Autobahn. – Weitere Daten liegen nicht vor.

Notlandung eines Flugzeuges vom Typ Marauder zwischen Gelnhausen und Höchst in den Wiesen, da wo heute die Autobahntrasse verläuft – Weitere Daten liegen nicht vor.
Absturz einer Messerschmidt Me 109 auf einem Acker vor Höchst – weitere Daten liegen nicht vor)

Notlandung einer Messerschmidt Me 110 in den Wiesen zwischen Gelnhausen und Höchst mit totaler Zerstörung des Flugzeuges. Zwei Besatzungsmitglieder kommen ums Leben. Weitere Daten liegen nicht vor.

Absturz eines amerikanischen Bombers des Types B24 Liberator in der „Abtshecke" zwischen Gründau-Rothenbergen und Langenselbold. Mehrere Besatzungsmitglieder kommen ums Leben. Weitere Daten liegen nicht vor.

Notlandung oder Absturz einer deutschen Jagdmaschine FW 190 oder Me 109 bei Altenmittlau. Die Maschine wurde in den 60er Jahren geborgen. Weitere Daten liegen nicht vor.

Absturz eines Flugzeuges vom Typ Me 110 im Feld bei Bruchköbel nach einem Luftkampf mit einer amerikanischen B 17. Der Pilot kommt ums Leben, der Funker erleidet einen Beinbruch nach dem Fallschirmabsprung.

Absturz einer Boeing B17 im Feld bei Bruchköbel nach einem Luftkampf mit der Me 110.

Absturz einer Junkers Ju 88 bei Aufenau. Flugzeugteile lagen noch bis in die 60er Jahre im Wald und sind dann bei Aufforstungsarbeiten entfernt worden. Weitere Daten liegen nicht vor.

Absturz einer Messerschmidt Me 109 bei Kempfenbrunn im Wald. Weitere Daten liegen nicht vor.

Absturz einer Focke Wulf FW 190 bei Neuses. Weitere Daten liegen nicht vor.

Absturz einer FW 190 bei Gondsroth. Weitere Daten liegen nicht vor.

Absturz einer Me 109 im Bach an der Mühle in Eidengesäß. Weitere Daten liegen nicht vor.

Absturz einer FwW 190 im Wald vor Biebergemünd Roßbach. Weitere Daten liegen nicht vor.

Absturz einer Ju 88 in der der Gemarkung Untersotzbach im April 1944 unweit des Waschweihers. Die fünfköpfige Besatzung findet den Tod (Bericht auf Seite 119).

Absturz einer Ju 88 in Langendiebach während eines Übungsfluges. Nach einem senkrechten Sturzflug werden alle Besatzungsmitglieder getötet.

Absturz einer Ju 88 im Wald bei Freigericht-Somborn. Weitere Daten liegen nicht vor.

Absturz einer Me 109 oder FW 190 im Wald bei Freigericht-Horbach. Weitere Daten liegen nicht vor.

Absturz eines amerikanischen Bombers vom Typ Thunderbolt P47 im Wald bei Hanau-Wolfgang. Weitere Daten liegen nicht vor.

Abschuß einer Me 262 (erster Düsenjäger) durch amerikanische Mustangs der 352. Fighter Group am 9. Februar 1945 zwischen Hailer und Meerholz am Waldrand (Bericht auf Seite 126)

Abschuß einer Ju 88 G 6 am 19. März 1945 über Freigericht-Neuenhaßlau während der Bombardierung Hanaus durch amerikanische Verbände (Ausführlicher Bericht unter dem Titel „Über Neuenhaßlau abgeschossen" auf Seite 128).

Auf den folgenden Seiten berichten einige Zeitzeugen von Flugzeugabstürzen und von den Luftkämpfen über dem Kinzigtal. Herr *Heinrich Georg* aus Brachttal-Udenhain erinnert sich zunächst an zwei Flugzeugunglücke, die sich ohne feindliche Einwirkung im Vogelsberg ereigneten:

Absturz einer einmotorigen We 34 am Waschweiher

„Es war kaum auszudenken, wenn an diesem Tage heißes Sommerwetter gewesen wäre und die Kinder im Waschweiher gebadet hätten." Herrn *Georg* aus Udenhain beschäftigt diese Frage noch heute, nach fast 60 Jahren. Denn ausgerechnet an einem Sommersonntag des Jahres 1938 stürzte eine einmotorige We 34 der Firma Junkers in den Waschweiher, und zwar genau an der Stelle, wo sonst an warmen Tagen Hochbetrieb im Wasser herrscht.

„Der Vorläufer der Ju 52 war ein Schulungsflugzeug der Luftwaffe. Es war mit zwei Mann besetzt. Die Maschine war vorher aus unerklärlichen Gründen in der Luft auseinandergebrochen. Der Rumpf stürzte in den Waschweiher, eine Tragfläche lag auf der Wiese und 30 Meter hinter ihr steckte das Leitwerk im Boden.
Der Pilot und sein Begleiter hatten tödliches Pech. Der Rumpf lag auf dem Rücken, das Cockpit unter Wasser und das Fahrwerk ragte oben heraus. Dabei war der Waschweiher an dieser Stelle höchstens eineinhalb Meter tief, die Badegäste konnten dort stehen. Die beiden Jungen Burschen müssen verzweifelt versucht haben, aus dem Cockpit herauszukommen, aber es gelang ihnen nicht.
Mein Bruder Karl, der heute in Steinau wohnt, schrieb damals über dieses Ereignis an unseren Bruder Philipp in einem Brief folgendes:
‚Doch etwas muß ich Dir noch schildern, was hier die Gemüter mordsmäßig erregte. Neulich, an einem Sonntag, stürzte nämlich ein einmotoriger Eindecker (Militärflieger) in den Schönhofer Weiher hinein. Der Tag war etwas stürmisch, und bei einer Wendung brach die linke Tragfläche ab, riß das ganze Leitwerk mit, und der Rumpf klatschte, sich überschlagend, in den Weiher hinein – gerade an der Stelle, wo sonst die Udenhainer zu baden pflegen. Zwei ganz junge Flieger kamen hierbei tragisch ums Leben, denn wie

112

An dieser Stelle stürzte eine Junkers-Schulungsmaschine Ju We 34 in den Waschweiher.

der Arzt aus Birstein feststellte, wurde der Tod nicht durch die Erschütterung herbeigeführt, sondern beide ertranken erst. Wäre doch der Rumpf richtig aufgekommen; sie hätten sich wohl retten können, hatte sich doch einer ausgezogen, um vielleicht schwimmen zu können.
Eine Pionierabteilung übernahm dann alles weitere. Aber Du hättest den Auflauf sehen sollen. Am nächsten Tag zog dann ein Flugzeug die üblichen Ehrenschleifen. Gestern waren wir dort baden. An der betreffenden Stelle ist ein tiefes Loch. Allerlei Erinnerungsmetallteile konnten wir uns da holen.'"

Absturz einer Ju 88 in den fürstlichen Wald

Auf der Stecke zwischen Bad Soden und Schlierbach im Udenhainer Waldrevier liegt der fürstliche Wald. Auch er hat seine Kriegsgeschichte.
Heinrich Georg erinnert sich: „*Als junger Bursche bin ich hier oben immer mit meinem Freund spazieren gegangen. Eines Tages, es konnte März oder Anfang April 1941 gewesen sein, waren Heinrich Bergmann und ich wieder im Wald unterwegs. Aus der Ferne*

hörten wir zunächst das Motorengeräusch eines herannahenden Flugzeuges. Doch plötzlich nahm dieses Geräusch so merkwürdige Formen an; es wurde immer lauter, dann ein ohrenbetäubendes Dröhnen, ein Knall, danach Totenstille.

Kaum 200 Meter von uns entfernt mußte ein Flugzeug abgestürzt sein. Die Bäume stehen hier sehr hoch und dicht, deshalb konnten wir den Absturz auch nicht sehen, sondern nur vermuten. Wir befanden uns in der Gemarkung ‚Die Seife', nur etwa 100 Meter östlich der sogenannten ‚Drehscheibe' entfernt, auf halber Strecke zwischen Udenhain und Weilers.

Also rannten wir in die Richtung, woher wir den Knall gehört hatten. Was wir da sahen war fürchterlich. Vor uns lag ein brennender Blechtrümmerhaufen. Nur sehr vorsichtig näherten wir uns der Unglücksstelle, denn es bestand Explosionsgefahr. Inzwischen eilten auch Waldarbeiter herbei.

Die beiden Besatzungsmitglieder waren völlig zerfetzt; überall lagen Leichenteile herum. Die Flugzeugmotoren hatten sich tief in den sumpfigen Waldboden gebohrt. Die Bergung erfolgte durch Luftwaffensoldaten. Sie kamen mit ziemlicher Sicherheit vom Fliegerhorst Gelnhausen-Rothenbergen. Die Maschine wollte möglicherweise auch dort landen. Die Soldaten wühlten die Leichenteile aus der Erde, es war einfach grauenhaft."

Eagle's Wrath stürzt brennend auf Lieblos

Am 17. August 1943 nähern sich starke amerikanische Bomberverbände von England kommend dem deutschen Luftraum. Sie waren in Bassingbourn kurz zuvor gestartet. Ihre Angriffsziele sind in einem Doppelschlag Schweinfurt und Regensburg. Bereits über dem Ärmelkanal tauchen deutsche Abfangjäger des Types Me 109 auf und greifen den riesigen Bomberverband an. *„Wir waren fortgesetzt heftigen Angriffen ausgesetzt",* erinnert sich *David M. Williams.* Als Navigator im Spitzenflugzeug der Vorhutgruppe hatte er den dramatischen Einsatz vom Anfang bis zum Ende mitgemacht. *„Wenn mein Logbuch etwas dünn aussieht, dann deshalb, weil ich bis zu den Knien in Patronenhülsen hockte und dabei das Zwillings-MG bedienen mußte. Ab und zu fiel das Logbuch herunter und wurde von den Patronenhülsen begraben."*

Die hartnäckigen Luftkämpfe hätten die Navigation außerordentlich erschwert. Wie Williams es dennoch schaffte, seine Aufgabe zu erfüllen und den Bomberverband in den Schweinfurter Luftraum zu führen, wird für ihn ein Rätsel bleiben.

Sein Flugzeug, „Oklahoma Oakie", wurde ständig von den Geschossen deutscher Jäger getroffen und durcheinandergeschüttelt. Es erwischte sogar die Plexiglaskanzel, in der *Williams* seine Navigationsberechnungen anstellte und gleichzeitig am MG hing. Später stellte sich heraus, daß eine 20-mm-Granate den Haupttank der linken Tragfläche durchschlagen hatte und Gott sei Dank dort liegengeblieben war, ohne zu explodieren. Sarkastisch stellte er später fest: *„Außerdem nahm ein Geschoß seinen Weg durch meine Handschuhe und Hosenbeine, ohne dabei auch nur meine Haut zu berühren. Ich war halt sehr mager!"*

Links von der „Oklahoma Oakie" flog eine B-17, die von Lieutenant *William Munger* gesteuert wurde. Auch sie hatte sich ständig mit den deutschen Jägern herumzuschlagen. Doch plötzlich wurde diese Maschine buchstäblich „vom Himmel geblasen". Die Explosion war so stark, daß noch ein Stück Tragfläche aus der „Oklahoma Oakie" herausgerissen wurde.

Kurze Zeit vorher war die 2. Gruppe des Jagdgeschwaders 51 der deutschen Luftwaffe in Neubiberg bei München aufgestiegen. Die Piloten unter Führung von Leutnant Hans Langer hatten zunächst den Auftrag, Frankfurt als mögliches amerikanisches Angriffsziel zu verteidigen. Als sie jedoch beim Anflug die Massen der amerikanischen Bomber nach Osten fliegen sahen, wurde ihnen sofort klar, daß Schweinfurt mit seinen Kugellagerfabriken angegriffen werden sollte.

Zunächst zog Langer mit seiner Gruppe um die amerikanische Luftflotte herum. Da die Deutschen vor der Wirksamkeit des amerikanischen 12,7-mm-Maschinengewehres großen Respekt hatten, entschieden sie sich für den Frontalangriff gegen die B-17. Vom Heck oder aus jeder Bordwand einer B-17 Fortress konnten insgesamt sieben MG's mit größerer Reichweite das Feuer eröffnen, während die deutschen Jäger bei einem Frontalangriff aus dem Bug der B-17 mit zwei, höchstenfalls vier Maschinengewehren zu rechnen hatten.

Der erste Angriff von Langer und seinen Piloten erfolgte also von vorne mitten in eine der Fortress-Führergruppe. Wie wild feuerten sie dabei aus Kanonen und Maschinengewehren. Als Langer zurückblickte, sah er zwei B-17 Bomber mit Rauchschleppen, jedoch noch keinen Absturz. Danach umkreisten die deutschen Me 109 den Verband bedeutend enger. Paarweise drehten die Maschinen ab und griffen die Amerikaner von hinten an. Obwohl sie sich von dieser Taktik eine höhere Treffergenauigkeit versprachen, nahmen sie gleichzeitig ein konzentrierteres Maschinengewehrfeuer der gegnerischen Flugzeuge in Kauf. *Langer* sah weitere vier oder fünf Kampfbomber mit

Es besteht Lebensgefahr!
Aufschlagstellen abgeschossener Feindflugzeuge melden

Bei dem Absturz von abgeschossenen feindlichen Flugzeugen wird es den zuständigen Luftwaffen- und Polizeidienststellen nicht immer, besonders bei einer Vielzahl von abgeschossenen Feindflugzeugen, möglich sein, die Aufschlagstelle sofort abzusperren. Das Betreten der Absturzstelle ist aber lebensgefährlich, denn es können noch Bomben und Sprengkörper explodieren. An alle Volksgenossen ergeht daher die dringende Mahnung:

Hände weg von abgeschossenen Feindflugzeugen, von abgeworfenen, noch nicht explodierten Bomben und Sprengkörpern. Die Aufschlagstelle eines abgeschossenen Feindflugzeuges ist sofort der Polizeidienststelle oder einer Dienststelle der Wehrmacht zu melden. Alles Beutematerial, das gefunden wird, auch unwichtig erscheinende oder beschädigte Teile, Papiere, Notizen usw. sind sofort der nächsten Luftwaffen- oder Polizeidienststelle abzuliefern. Dazu gehören selbstverständlich auch die Bekleidungsstücke der Besatzungsmitglieder. Wer sich Beutestücke aneignet, dient dem Feind und schädigt unsere Wehrmacht. Er wird schwer bestraft! NSG.

Am 17. Januar 1944 warnte die „Kinzig-Wacht" vor dem Annähern an „abgeschossene Feindflugzeuge". Die nationalsozialistische Presse hat wohl damit auch die eigenen Flugzeuge gemeint, denn die lagen noch zahlreicher gegen Kriegsende in der Landschaft rechts und links der Kinzig herum.

Rauchschleppen aus dem Flugverband ausscheren. Er selbst griff die B17 jetzt von der Seite an, um ihrer Feuerkraft auszuweichen, die sich immer noch auf seine rückwärtigen Kameraden konzentrierte.

Langer tauchte unter den amerikanische Bombern durch, zog seine Maschine hoch und schwenkte nach einer Seite, so daß er plötzlich zwischen dem Bomberverband mitflog. Er konnte rechts wie links den amerikanischen Bordschützen in die Augen sehen, doch konnte er sich sicher sein, daß sie nicht auf ihn schießen würden, aus Angst, ihre eigenen Maschinen zu treffen. Den Bomber vor sich hatte er im Visier und drückte auf den Knopf. Einen Augenblick später löste sich auch der zweite Motor aus der rechten Tragfläche, als sei er regelrecht aus dem Flügel herausgeschossen worden. Dann brach die ganze Tragfläche auseinander. Das Flugzeug legte sich völlig steuerungslos auf den Rücken und prallte auf eine andere B-17. Nach einem riesigen Feuerball folgte eine schwere Detonation, als seien mehrere Bomben in den Maschinen detoniert. Momentan wurde Langer bewußtlos und verlor für wenige Sekunden die Orientierung. Als er wieder zu sich kam, sah er den Bomberverband weit vor sich. Seine Me 109 war zwar immer noch unbeschädigt, aber die Treibstoffwarnlampe leuchtete inzwischen auf. Er mußte zur Betankung und zur Munitionsaufnahme nach Frankfurt zurückfliegen.

Als die Amerikaner vor Schweinfurt ankamen, hatten sie bereits 21 Bomber verloren. Die deutschen Jäger umschwärmten sie immer noch wie Hornissen. Aber das beeindruckte die 91. Gruppe der U.S.-Luftwaffe nicht im geringsten.

Colonel Turner äußerte sich später, daß für die rückwärtigen amerikanischen Piloten keinerlei Navigationsprobleme vorhanden waren. Ihnen sei der Umstand zur Hilfe gekommen, daß praktisch der gesamte Anflug auf Schweinfurt von Fallschirmen und brennenden B-17 Bombern vorgezeichnet war.

An acht dieser Fallschirme, welche in der Luft unweit von Frankfurt schwebten, hing ein Teil der Besatzung einer B-17 mit dem Namen „Eagle's Wrath". Sie war von Lieutenant *Anthony Arcaro* geflogen worden. Bereits beim Überflug von Antwerpen wurde sie von deutschen Jägern angegriffen; und die Angriffe ließen seitdem nicht nach. Und als die deutschen Piloten gemerkt hatten, daß der Bomber getroffen war, trennten sie ihn aus dem Verband heraus. Danach griffen sie ihn mit vier Me 109 gleichzeitig an.

Es war vergebens! Die „Eagle's Wrath" konnte von *Arcaro* nicht mehr gehalten werden. Dennoch schoß man noch eine zeitlang auf die angreifenden deutschen Jäger. Feldwebel *Delmar Kaech* hatte als Funker und Schütze vor seinem Einsatz dieses Mal die doppelte Menge an Munition mitgenommen, als er morgens erfuhr, daß es nach Schweinfurt ging. Er war vor kurzem erst von der kanadischen zur U.S.-Luftwaffe versetzt worden. Jetzt hatte er noch einen Moment Zeit, die gesamte Munition abzufeuern, denn mit dem Funken brauchte er sich nicht mehr zu beschäftigen. Die komplette Bordsprechanlage war zerschossen worden und der Funkkontakt ausgefallen.

Delmar Kaech erinnert sich: *„Die Luft wimmelte nur so von Zielen. Einmal sah ich flüchtig, wie eine B-17 von vorne auf uns herabstieß und gab einen kurzen Feuerstoß auf sie ab, bevor ich begriff, daß es sich um eine unserer Maschinen handelte. Offenbar hatte der Pilot die Kontrolle über sie verloren, denn der Sturz hielt an, solange sie in meinem Blickfeld war. Wir waren alle zu sehr beschäftigt, als daß wir irgendwelche Informationen hätten durchgeben können..."*

Die deutschen Jäger hatten aus der Fortress einen regelrechten Trümmerhaufen gemacht. Vom Bug bis zum Heck war sie total zersiebt. Und im Inneren lagen zwei tote Soldaten.

Pilot *Arcaro* beschreibt nach seiner Rückkehr, wie sich die vier deutschen Jäger auf seine Maschine stürzten: „Es war erschrekkend, wie nahe sie herankamen. Eine Me 109 flog feuernd direkt auf uns zu, drehte dann in einer Rolle ab, so daß sie die Nase von „Eagle's Wrath" fast kratzte und ich den deutschen

Piloten wie in einer Nahaufnahme erkennen konnte. Der Nachstrom seines Propellers riß uns förmlich herum, und fast hätten wir ihn gerammt."

Eine 20-mm- Granate hatte die Bugkanzel der B-17 getroffen. Den Navigator, Lieutenant *Harry K. Warner* hatte es dabei erwischt. Er war schwer verwundet, und obwohl er noch mit dem Fallschirm ausstieg, überlebte er den Sprung nicht. Die Granaten entzündeten das Sauerstoffsystem, Flammen sprühten aus der Kanzel. *Arcaro* wußte, es war Zeit, die Maschine aufzugeben.

„Wir kamen bis in die Nähe von Frankfurt," berichtete *Delmar Kaech* weiter. *„Harold K. Michaud, der Bodenkanzel-Schütze , war gefallen. Als ich gerade versuchte, ihn aus der Kanzel in die Maschine zu ziehen, kam der Copilot Lieutenant Roman Niemczyk nach hinten und überbrachte den Befehl, daß alles aussteigen sollte. Ich habe keine Ahnung, wie hoch wir waren - jedenfalls, ich war kaum wieder in der Funkerkabine, wo ich meinen Brustfallschirm zurückgelassen hatte, als die Kiste auch schon abschmierte. Sobald die automatische Steuerung in Aktion getreten war, sprang ich durch die nächstgelegene Ausstiegsluke ab und zog die Reißleine. Sonst kann ich mich an nichts mehr erinnern; erst kurz vor der Landung war mir wieder alles klar."*

Trotzdem hatte *Kaech* Glück im Unglück. Er hatte gerade noch Zeit gehabt, ein Bein durch die Fallschirmgurte zu stecken, die zum Teil gar nicht eingehakt waren. Als sich sein Schirm öffnete, verdrehte sich der Gurt und verrenkte ihm einen Rückenwirbel.

Dennoch gelang es ihm, zusammen mit Flugzeugführer *Anthony Arcaro*, Copilot *Niemczik*, Bombenschütze Lieutenant *William F. Clover* sowie den MG-Schützen *Elmer Lindholm, Ralph Dearth* und *William Golden* sicheren Boden unter die Füße zu bekommen. Navigator *Harry Warner* war an den Folgen seiner Verletzungen gestorben; für Flugingenieur *Sergeant James Jones* und Bodenkanzelschützen *Harold Michaud* wurde die Boeing 17 Fortress zum brennenden Sarg.

Das Flugzeug schlug in der Gemarkung „Neuherberge" bei Lieblos, etwa da, wo sich heute die Sportanlage befindet, um 14.45 Uhr auf. Die überlebende amerikanische Besatzung wurde durch Soldaten der Horstkompanie Gelnhausen-Rothenbergen gefangen genommen.

Literaturhinweis:
Doppelschlag gegen Regensburg und Schweinfurt von Eduard Jablonski, Motorbuchverlag Stuttgart,
Entscheidung über Schweinfurt von Thomas M. Coffey, Ullstein-Verlag

Absturz einer Militärmaschine des Types Ju 88 in der Gemarkung Untersotzbach

Da wo heute kaum noch Bäume stehen, finden wir in der Gemarkung Untersotzbach auf dem Weg zum Waschweiher einen schlichten Gedenkstein mit fünf Kreuzen. Noch vor drei Jahren stand er vor einem Fichtenwald. Der orkanartige Sturm hatte damals die Bäume wie Streichhölzer wegrasiert. Geblieben sind ein ödes Stück Land und ein Gedenkstein, der auf eine Flugzeugkatastrophe im April 1944 hinweist.

Herr *Heinrich Georg* aus Udenhain, damals 20 Jahre alt, erinnert sich: *„Ich selbst habe den Absturz der Ju 88 nicht gesehen,*

Heute erinnert ein schlichter Basaltstein an die Flugzeugtragödie im April 1944.

aber mir wurde darüber berichtet. Heinrich Gaul, ein junger Mann aus Kath. Willenroth, war gerade mit seinem Vieh auf der Weide. Es war Karfreitag und so ein richtig naßkaltes, diesiges Nieselwetter. Gaul hörte ein Flugzeug herankommen, dann einen Riesenknall, daß sogar die Erde gezittert hat. Ohne jegliche Feindeinwirkung war ein deutsches Militärflugzeug abgestürzt.
Der Steinbruchbetreiber von Untersotzbach, er hieß ebenfalls Gaul, war einer der ersten an der Absturzstelle, mit ihm die Feuerwehr von Untersotzbach. Sie konnten nur noch das Flugzeugwrack löschen und die fünf toten Besatzungsmitglieder bergen. Angeblich sei die Militärmaschine auf dem Weg von Paris nach Brandenburg gewesen. Herr Gaul, der den Steinbruch im ‚Pfaffenwald' betrieb, war von dem Absturz so erschüttert, daß er einen Basaltstein als Gedenkstein behauen ließ. Auf ihm sind ein Flugzeug mit abgebrochenem Flügel und fünf Kreuze für die Toten eingeritzt. Angeblich wurde in den 60er Jahren an der Absturzstelle ein DDR-Besucher vor dem Gedenkstein gesehen. Die Leute von Untersotzbach haben sich damals erzählt, sein Sohn sei hier umgekommen."

Der Tod kam am „Franzosenkopf"

„Am 25. Mai 1988 haben wir in einer Fichtenschonung eine braune Lederjacke und eine Pistole der Marke ‚Mauser' gefunden. Und auch das Stück eines menschlichen Knochens kam zum Vorschein". Friedhelm Wagner und Werner Zirkel machten diese Entdeckung zwei Kilometer westlich von Niedergründau am „Franzosenkopf". Für sie war sofort klar, daß sich noch Besatzungsmitglieder in der Maschine befunden haben mußten, als sie abgestürzt war.

Insgesamt haben die beiden an vier Tagen die Stelle nach Relikten des Zweiten Weltkrieges abgesucht. Und sie sind fündig geworden: Treibstoffleitungen, Motorteile, Schalter, ein Antennenabstimmgerät eines Funkgerätes, das Zifferblatt einer Luftschrauben-Verstellanzeige, eine Kontrolleuchtenplatte, die Gurtzuführung für ein Maschinengewehr und vieles mehr kam nach mehrstündiger Buddelei an die Erdoberfläche. *„Und jetzt waren wir uns auch sicher, daß hier eine Ju 88 beim Absturz eine Schneise in den Wald geschlagen hatte",* konnten Wagner und Zirkel nach erfolgreicher Suche feststellen.

Weitere Recherchen haben dann schließlich auch den Absturztag ergeben. Es war der 28. September 1944 und es handelte sich um eine Ju 88 G-1 des I. Nachtjägergeschwaders 4. In ihr kamen Stabsfeldwebel *Erwin Wulfinger*, Feldwebel *Walter Tornew* und Obergefreiter *Werner Krause* ums Leben.

Einseitiger Luftkampf über dem Kinzigtal

Herr Eckard Sauer aus Gründau-Breitenborn hat für das „Museum für Flugzeugtechnik und Geschichte" in Gelnhausen-Hailer zahlreiche Fliegerschicksale und Abschüsse von Flugzeugen über dem Kinzigtal durch jahrelanges Recherchieren aufgeklärt und veröffentlicht. Diese Erkenntnisse bilden auch die Grundlage für die folgenden Berichte von den Luftkämpfen über unserer Heimat vor Kriegsende.

Deutsche Abfangjäger standen am 18.11.1944 auf verlorenem Posten

Am 18. November 1944 wird auf dem Luftwaffenstützpunkt Altenstadt bei Büdingen Alarm ausgelöst. Es ist ein kalter, strahlend-blauer Wintertag. Starke amerikanische Verbände der 8. Luftflotte sind in den deutschen Luftraum eingedrungen und steuern auf das Kinzigtal zu. Die Amerikaner wollen u.a. das Tanklager in Neuenhaßlau angreifen, das die Fliegerhorste in Rothenbergen und Langendiebach mit Flugbenzin versorgt.

Wie hier im Januar 1945 sah es damals gegen Kriegsende am Himmel über dem Kinzigtal aus

Sofort steigen 6 Jagdmaschinen vom Typ Focke-Wulf 190 und 2 Messerschmidt 109 von der III. Gruppe des Jagdgeschwaders 2 „Richthofen" in Altenstadt auf. Doch die deutschen Abfangjäger mit ihren jungen, unerfahrenen Piloten haben nicht den Hauch einer Chance. Die Übermacht der etwa 40 heranfliegenden P-47-Thunderbolt ist einfach zu groß. Bevor die Amerikaner die 8 deutschen Jäger vom Himmel holen, gelingt diesen noch der Abschuß von zwei Thunderbolts.
Der Krieg war verloren. Dennoch mußten die jungen Kerle für Führer, Volk und Vaterland das Beste, was sie besaßen, auf den Äckern und Wiesen im Kinzigtal lassen: ihr Leben. Am Ortsrand von Höchst kam eine Focke-Wulf herunter. Direkt neben der Straße von Gelnhausen schlug sie in der sumpfigen Wiese

auf. Augenzeugen erinnern sich, daß nur ein kleiner, mit Wasser gefüllter Krater und ein paar Blechteile von dem Flugzeug übriggeblieben waren. Der Rest versank im Morast. Das Schicksal des Piloten – es kümmerte keinen! Wahrscheinlich hängen die sterblichen Überreste von ihm noch heute in der zerstörten Pilotenkanzel ein paar Meter unter der Erdoberfläche.

Ein anderer kam wenige hundert Meter gegenüber in Gelnhausen-Haitz ums Leben. Ein kleiner Krater von zweieinhalb Metern Durchmesser kennzeichnet die Absturzstelle der Focke-Wulf. An den toten Piloten, Unteroffizier *Reinhold Kukowka*, erinnert heute ein kleines Metallblechschild auf dem Ehrenfriedhof in Gelnhausen.

Eine weitere Focke-Wulf fiel unweit des Hof-Eich bei Geislitz fast senkrecht vom Himmel auf einen Hang. Der Aufschlagkrater ist auch hier nur etwas mehr als zwei Meter groß. Er liegt auf einem Baumstück am Waldrand. Der tote Pilot konnte geborgen werden.

Im offenen Sarg, ein toter deutscher Pilot aus dem Luftkampf am 18.11.1944, damals aufgebahrt in Eidengesäß.

Eine der beiden Me 109 stürzte auf das Anwesen von Landwirt *Adolf Braun* in Lützelhausen. Dabei explodierte die Maschine und setzte die Scheune in Brand. Sie brannte bis auf die Grundmauern nieder. Auch andere Gebäude wurden teilweise schwer beschädigt. Die Trümmer des Flugzeuges lagen überall verstreut herum. Der Motor bohrte sich mehrere Meter tief in den angrenzenden Garten und hinterließ einen riesigen Krater. Der Sohn, *Wilhelm Braun*, konnte sich noch daran erinnern, daß der große Aufschlagtrichter mit zirka zwanzig Fuhren Erde zugeschüttet wurde.

Der Pilot konnte sich mit dem Fallschirm vorher aus der Maschine retten. Er landete direkt neben einem der beiden abgeschossenen Amerikanern.

Eidengesäß war in Aufruhr

Rauchend und knatternd stürzt eine der acht deutschen Maschinen direkt auf den Ortskern von Eidengesäß zu. Das Dorf steht unmittelbar vor einer furchtbaren Katastrophe. Entsetzt und atemlos sehen viele Menschen an den Fenstern oder auf den Straßen dem tödlichen Schauspiel zu. Im letzten Moment versucht der Pilot noch einmal seine Maschine hoch zu ziehen. Das Manöver gelingt ihm. Gott sei dank! Nur wenige Schritte vom Ortsrand entfernt bleibt das Flugzeug metertief in einer aufgeweichten Wiese stecken.

Magdalene Kauffeld, die damals 24 jährige Tochter des Bürgermeisters *Peter Braun,* konnte diesen Schicksalstag nicht vergessen. *"Das ganze Dorf war in heller Aufregung. Ich habe damals nur dagestanden und geweint."*

Der mutige Pilot, der das Dorf mit seinem riskanten Manöver vor einer Katatrophe bewahrt hatte, befand sich noch in der Maschine. *"Jeder, der den Absturz gesehen hatte, rannte so schnell er konnte zur Unglücksstelle auf dem Acker. Das Flugzeug steckte schräg in der Erde, lediglich ein Flügel schaute heraus. Wir hatten Angst, es könnte explodieren. Deshalb konnten wir den Piloten auch nicht sofort bergen"*, berichtete Frau *Kauffeld.*

Ihr Vater setzte sich in seiner Eigenschaft als Bürgermeister sofort mit dem Fliegerhorst in Rothenbergen in Verbindung. Dort war das zuständige Bergungskommando stationiert. Aufgrund des hereinbrechenden Winters war angeblich eine unverzügliche Bergung des Piloten nicht möglich. Die Zeit verstrich. Auf dem Gelnhäuser Friedhof war inzwischen ein Grab für den bis dahin unbekannten deutschen Soldaten ausgehoben worden. Bürgermeister Braun rief mehrfach in Rothenbergen an, doch niemand kam, um den toten Flugzeugführer aus der Maschine zu holen.

Ein paar Wochen später, inzwischen war es Winter geworden, ergriff Braun schließlich selbst die Initiative. Es sind angeblich russische Zwangsarbeiter, die auf Anordnung die zerstörte Maschine freischaufeln und den Leichnam des Piloten aus dem Flugzeugwrack herausholen müssen. Der Wehrpaß half bei der Identifizierung des Toten. Es war der 21jährige Leutnant Hans-Peter Hansen. Der Ehrenfriedhof in Gelnhausen wurde zu seiner letzten Ruhestätte.

"Der Pilot einer anderen Maschine wollte sich mit dem Fallschirm retten", erzählt Frau Kauffeld. *"Doch der Fallschirm öffnete sich nicht. Stunden später wurde der Tote von einem Bauern ohne Anzeichen äußerer Verletzungen gefunden. Er lud ihn auf einen Handwagen und brachte ihn zu meinem Vater auf das Bürgermeisteramt. Er hatte einen Urlaubsschein für drei Tage in seiner Jackentasche stecken".*

Flugzeug blieb in Baumkrone hängen

Die Besatzung einer der acht abgeschossenen Maschinen hatte Glück. In der Gemarkung „Gerichtswald" stürzte die zweite Messerschmidt 109 des Geschwaders aus Altenstadt ab. Wie durch ein Wunder blieb das Flugzeug in einem Baumwipfel hängen. Die beiden Piloten wurden nur leicht verletzt. *"Der eine ist mit seinem Fallschirm auf dem Rücken bis nach Breitenborn gelaufen, der andere hat sich zum Försterhaus Niederhof auf den Weg gemacht"*, so die Eidengesäßerin.

Außer Leutnant Hansen und Unteroffizier Kukowka kamen die Unteroffiziere Lange, Jakob und Rühle sowie der Oberfähnrich Diehl beim Luftkampf am 18.11.1944 ums Leben. Außer Uffz. Rühle sind alle auf dem Friedhof Gelnhausen bestattet. Die achte deutsche Maschine, ebenfalls eine Focke-Wulf 190 A 8, stürzte bei Huckelheim in Bayern ab. Die beiden amerikanischen Thunderbolt P-47 gingen in Lützelhausen und im bayerischen Albstadt herunter.

Anmerkung: Der Hergang dieses Luftkampfes am 18.11.1944 über dem Kinzigtal wurde aus Unterlagen des Museums für Flugzeugtechnik in Gelnhausen-Hailer, aus einem Bericht des Gelnhäuser Tagblattes vom 4. Januar 1986, von einer Befragung der heute 75jährigen Magdalene Kauffeld aus Linsengericht-Eidengesäß und aufgrund von Aussagen von Herrn Werner Girbig aus Hattersheim 3, dem Dokumentationssachbearbeiter der Gemeinschaft der Jagdflieger, recherchiert und nachkonstruiert. Herr Girbig bestätigt, daß an diesem Tag die amerikanischen Thunderbolt einen Jagdvorstoß und Tieffliegerangriff im Raum Langenselbold flogen. Da die 8. Luftflotte der Amerikaner am 18. November 1944 keinen Bombeneinsatz über dem Reichsgebiet geflogen hätte, habe es sich bei diesem Luftkampf tatsächlich um ein Gefecht Jäger gegen Jäger gehandelt.

Ein einfaches Metallschild auf dem Ehrenfriedhof in Gelnhausen erinnert an die deutschen Piloten, die in einem Luftkampf am 18.11.1944 ihr junges Leben lassen mußten.
Hier das Grab von Flugzeugführer Hans-Peter Hansen, der Eidengesäß im Angesicht des Todes noch vor einer Katastrophe rettete.

Schwere deutsche Flak (Flugabwehrkanone) am Lerchenberg bei Neuenhaßlau. Sie wurde dort um 1940 stationiert, ausrichten konnte sie kaum etwas. Ganz rechts: Uffz. Karl Schneider.

Unterstand der Flak bei Neuenhaßlau

Der Fliegertod kam im Breitenborner Wald

Als Oberfeldwebel *Heinz Neumann* am 6. Dezember 1944, dem Nikolaustag, in Schwäbisch-Hall seine Jagdmaschine vom Typ Messerschmidt Bf 110 G-4 vom 12. Nachtjägergeschwader 6 zu einem Einsatz startete, da konnte er noch nicht ahnen, daß dies sein letzter Flug sein würde. Mit ihm an Bord des Nachtjägers befanden sich als Funker Feldwebel *Ludwig Schiffer* und der Gefreite *Peter Lelling*.

Über dem Kinzigtal stoßen sie auf englische Nachtjäger. Es ist genau 21.00 Uhr und zu dieser Jahreszeit schon stockdunkel. Ein kurzes, heftiges Luftgefecht entbrennt, die deutsche Maschine wird getroffen und stürzt ab. In der Nähe von Gründau-Breitenborn schlägt sie auf und explodiert sofort.

Vorher hatte das Flugzeug noch mehrere Baumspitzen abrasiert. Die Absturzstelle befindet sich in einem Waldstück etwa 200 Meter rechts der Straße, die von Haingründau nach Breitenborn führt. Die Flugzeugteile fliegen durch die Detonation über die Landstraße in die angrenzende Wiese.

Die sterblichen Überreste der drei Besatzungsmitglieder werden auf dem Friedhof in Gettenbach beigesetzt.

Deutscher Düsenjäger stürzt in Waldweg bei Meerholz

Luftalarm! Kurz darauf greifen amerikanische Mustangs der „55. Fighter Group" verschiedene Ziele im Kinzigtal an. Es ist Freitag, der 9. Februar 1945. Sofort starten in Giebelstadt bei Würzburg deutsche Abfangjäger. Es sind Me 262 A-1 des Kampfgeschwaders 54, die ersten deutschen „Düsenjäger"!

Um 12.30 Uhr kommt es dann über dem Gelnhäuser Luftraum zu einem Luftkampf, in dessen Verlauf eine deutsche Maschine abgeschossen wird. In ihr sitzt der Pilot Oberleutnant *Walter Draht*. Die Me 262 stürzt direkt am Waldrand von Meerholz auf einen Waldweg. Der Pilot wird aus der Maschine geschleudert und ist auf der Stelle tot.

Wie heute *Friedhelm Wagner* vom Flugzeugmuseum in Hailer berichtet, hat ihm der damalige Flugzeugprüfmeister *Paul Birckenstock* erklärt, daß die Maschine nur zwei Treffer ins Triebwerk erhalten hatte. Bis der militärische Abschirmdienst an der Absturzstelle eintraf, hatten die Leute dem toten Piloten schon die Stiefel und andere Kleidungsstücke ausgezogen und entwendet. Ein Hailerer Bürger hatte damals sofort die Schießkamera mitgenommen, erfuhr Herr *Wagner*. Aber die Sache sei herausgekommen und er hätte diesen seltenen Fund wieder bei den deutschen Militärs abgeben müssen. Obendrein wollten ihn einige Heißsporne kurz vor Kriegsende noch deswegen vor ein Kriegsgericht stellen, denn die Entwicklung der Me 262 lief immer noch unter einer gewissen Geheimhaltungsstufe.

Hitlers Blitzbomberstrategie eine Fehlentscheidung

Bereits im Herbst 1938 konnte die Firma BMW eine neuartige Luftstrahlturbine entwickeln. Daraufhin erhielt die Firma Messerschmidt vom Reichsluftfahrtministerium den Auftrag, ein Jagdflugzeug für diese Triebwerke zu entwickeln. Doch die Weiterentwicklung erfolgte nur außerordentlich schleppend, weil aufgrund der Überheblichkeit der militärischen Führungsriege in der Luftwaffe die Meinung vertreten wurde, man könne nach den überraschenden Anfangserfolgen zu Beginn des Zweiten Weltkrieges, auch mit den herkömmlichen Motormaschinen den Krieg gewinnen.
Mitte Juli 1943 war die Entwicklung dieses Düsenjägers soweit fortgeschritten, daß die ersten Flüge mit reinem Strahlantrieb über zwei Triebwerke durchgeführt werden konnten. Am 26. November 1943 organisierte *Göring* in Insterburg eine Vorführung, auf der die neuesten Entwicklungen der Luftwaffe *Hitler* vorgestellt werden sollten. *Hitler* zeigte sich zunächst wenig beeindruckt, doch wollte er von den Ingenieuren der Firma Messerschmidt unbedingt wissen, ob denn dieser neuartige Jäger auch mit Bomben bestückt werden könne. Da damals alle Jagdflugzeuge auch mit Bomben ausgerüstet werden konnten, bejahte Messerschmidt die Frage. Dieses Zugeständnis löste bei *Hitler* eitel Freude aus, hatte er doch jetzt endlich den von ihm sehnlichst erwünschten und favorisierten „Blitzbomber". Trotz der Proteste von Fachleuten befahl er daraufhin, die Serienfertigung der Me 262 als Bomber und nicht als Jäger voranzutreiben, obwohl das vorgeführte Flugzeugmuster durch die Außenaufhängung der Bomben wieder etwa 200 km/h verlor und damit in den Geschwindigkeitsbereich der alliierten Jäger zurückfiel.
Noch im April 1944 versuchten maßgebliche Militärs, unter ihnen *Galland* und *Steinhoff, Hitler* umzustimmen und von seinen wahnwitzigen „Blitzbomberideen" abzubringen. Daraufhin erließ *Hitler* den Führerbefehl: „*Mit sofortiger Wirkung verbiete ich, mir über das Düsenflugzeug Me 262 in einem anderen Zusammenhang oder einer anderen Zweckbestimmung zu sprechen denn als Schnellst- oder Blitzbomber*". Und der ergebene

Göring setzte nach: *„Jedes Gespräch über das Thema, ob die Me 262 ein Jagdflugzeug ist oder nicht, verbiete ich. Der Reichsmarschall."*

Ende 1944 erreichte die Serienproduktion der Me 262 einen Gesamtausstoß von 568 Maschinen. Und wie befohlen, wurde die überwiegende Mehrzahl dieser Flugzeuge als „Blitzbomber" an die Kampfgeschwader KG 6, KG 27, KG 51 und eben auch an das Geschwader KG 54 nach Giebelstadt geliefert.

An der deutschen Strategie änderte sich bis Anfang 1945 nichts, obwohl vereinzelt eingesetzte Me 262 als Abfangjäger gegen die alliierten Bomberverbände sehr erfolgreich agierten. Erst als alles zu spät war und der Krieg sein Ende bereits deutlich ankündigte, änderten Hitler und seine Intimberater diese „Blitzbomberstrategie".

Inzwischen wurden unter der Leitung des Generals Speer in den ersten vier Monaten des Jahres 1945 bis zur bedingungslosen Kapitulation immerhin noch 865 Strahljäger auf den Fließbändern von Messerschmidt produziert. Doch ein großer Teil dieser Maschinen kam wegen des akuten Treibstoffmangels überhaupt nicht mehr zum Einsatz. Die gut getarnt abgestellten Maschinen fielen den Amerikanern beim Vormarsch auf Mitteldeutschland unbeschädigt in die Hände. Die Alliierten ließen bis auf wenige Beutestücke die gesamte Produktion verschrotten und zerstörten auch die Maschinen auf den Fließbändern.

Über Neuenhaßlau abgeschossen

Frau *Henriette Zeul* aus Hasselroth-Neuenhaßlau war in den letzten Kriegstagen unmittelbar an einer Rettungsaktion für einen abgestürzten Piloten der deutschen Luftwaffe beteiligt. Nach 49 Jahren konnte sich der damals Gerettete im vorigen Jahr bei seiner Retterin persönlich bedanken. Es war eine spannende Geschichte, die sich am Ortsrand von Neuenhaßlau kurz nach der vernichtenden Bombardierung der Stadt Hanau im März 1945 abspielte:

Fritz Dietrich überlebte den Absturz als Einziger

Oberfeldwebel *Fritz Dietrich* aus Delmenhorst hatte während des Zweiten Weltkrieges buchstäblich einen Schutzengel bei sich. Als Bordfunker flog er mit dem bekannten Flugzeugführer und Ritterkreuzträger Oberleutnant *Engelbert Heiner* zahlreiche Einsätze an der West- und Ostfront und überlebte dabei insgesamt fünf Abschüsse. Am Morgen des 19. März 1945 war für ihn über Neuenhaßlau der Krieg zu Ende. Aber lassen wir doch den heute 81jährigen selbst berichten:

„Das erste Mal hätte es mich beinahe schon am 14. Mai 1940 über Belgien erwischt. Wir flogen einen Tiefangriff auf Panzerverbände bei Leuven. Flugzeugführer Heiner steuerte die Heinkel 111. Plötzlich erhielten wir einen Treffer; die Maschine brannte sofort. Engelbert Heiner konnte das Flugzeug noch etwa 15 Minuten in Richtung der eigenen Linien in der Luft halten, um dann in einem Heide-Moor-Gebiet notzulanden.

Nur fünf Tage später, am 19.05.1940 griffen wir mit unserem Flugzeug die Gleisanlagen bei Epernay in Frankreich an. Wir wurden von der feindlichen Abwehr total flugunfähig geschossen und mußten sofort notlanden. Unser Bordmechaniker und ein Berichterstatter fanden dabei den Tod. Flugzeugführer Heiner, unser Beobachter und ich überlebten. Die Franzosen fanden uns, steckten uns zunächst 14 Tage lang ins Zuchthaus in Paris und brachten uns anschließend südlich von Toulouse in die Gefangenschaft. Mit Heiner zusammen floh ich von dort aus über Montauban, Cahors, Brive und Limoges, bis wir schließlich nach neun Tagen bei Poitiers wieder auf deutsche Truppen stießen.

Später wurden wir wieder zusammen an der Ostfront eingesetzt. Mit einer He 111 gelang es uns, bei Nachteinsätzen feindliche Flugplätze auszumachen und dabei während mehrerer Einsätze insgesamt 11 russische viermotorige Kampfbomber abzuschießen. Engelbert Heiner erhielt dafür das Ritterkreuz.

Bei dem letzten dieser Einsätze im Sommer 1942 schossen wir zunächst zwei feindliche Maschinen über dem russischen Woronesch ab. Ein dritter feindlicher Bomber, der von uns getroffen war, konnte uns während seines Absturzes noch beschießen. Und er traf uns . Unsere Maschine brannte sofort. Zwar konnten wir vier noch abspringen, doch die Fallschirme unseres Bordmechanikers und unseres Beobachters öffneten sich nicht. Sie hatten keine Chance.

Nachdem die russischen Truppen die Stalingrad-Armee im November 1942 eingekesselt hatten, flogen wir trotz schlechter Witterungsbedingungen von Morosowskaja aus Tiefliegerangriffe auf feindliche Bodentruppen. Wir erhielten plötzlich Beschuß von unten. Unsere Steuerungsanlage wurde dabei getroffen, so daß das Flugzeug kaum noch manövrierfähig war. Engelbert Heiner gelang es trotzdem noch zu wenden und zwischen den feindlichen Linien notzulanden.

Doch dann kam der verhängnisvollste Tag meines Lebens. Am Morgen des 19. März 1945 erhielten wir den Einsatzbefehl, Frankfurt anzufliegen. Oberleutnant Heiner flog dieses Mal eine Ju 88

Engelbert Heiner erhielt für 11 Abschüsse russischer Bomber an der Ostfront das Ritterkreuz. Seinen letzten Einsatz im Morgengrauen des 19. März 1945 überlebte er nicht. Das Bild zeigt ihn am Steuerknüppel einer He 111.

G 6. Wir stiegen in Kitzingen, wo unser Nachtgeschwader stationiert war, vom Fliegerhorst auf.
Als wir uns dem Luftraum vor Frankfurt näherten, sahen wir schon von weitem die ‚Bescherung'. Britische Bomberverbände warfen ihre tödliche Fracht über Hanau ab. Wir konnten nur noch feststellen, daß da unten die Hölle los sein mußte. Durch die abgeworfenen Brandbomben und ‚Christbäume' war es in und über Hanau gegen 4 Uhr früh taghell.
Beim Angriff auf einen feindlichen Bomber erhielten wir Beschuß, aber nicht von dem Angegriffenen, sondern von uns unbemerkt durch ein feindliches Flugzeug hinter uns, und zwar von unten links. Unsere Ju 88 brannte sofort und stürzte lichterloh brennend ab. Der Besatzung gelang es offensichtlich nicht mehr, vermutlich wegen verklemmter Ausstiegsklappen, abzuspringen.
Auch ich war noch in der Maschine und schwer verwundet. Ich verlor das Bewußtsein. Wie ich aus dem Flugzeug herausgekommen bin, wird mir wohl immer ein Rätsel bleiben. Als ich wieder zu mir kam, raste ich in etwa 300 Meter Höhe auf den Erdboden zu. Ich konnte noch den Fallschirm ziehen und landete nur wenige Meter neben der aufgeschlagenen und brennenden Maschine.
Wie ich später erfuhr, erfolgte der Absturz bei Neuenhaßlau. Flugzeugführer, Oberleutnant Engelbert Heiner, Bordfunker, Feldwe-

bel Max Rosenbaum und Bordmechaniker, Unteroffizier Edwin Hübner, wurden auch dort beigesetzt. Während der damals 25jährige Rosenbaum und der knapp 20jährige Hübner heute noch auf dem Friedhof von Neuenhaßlau ruhen, ließ die Frau des Flugzeugführers Heiner ihren Mann nach Markt Schellenberg bei Berchtesgaden umbetten.

Die beiden Gräber von Max Rosenbaum (rechts) und Edwin Hübner auf dem Friedhof von Neuenhaßlau erinnern an den Flugzeugabsturz am 19. März 1945.

Helfer brachten mich in ein nahegelegenes Haus, wo mir, wie ich erst nach 49 Jahren erfuhr, die erste Hilfe und Versorgung durch Frau Henriette Zeul aus Neuenhaßlau zuteil wurde. Man brachte mich später in die Lazarette nach Seligenstadt, Darmstadt, Bad Mergentheim und Göppingen. Entlassen im März 1946, auf Krücken gehend, landete ich wieder in Delmenhorst, dem Ausgangspunkt meines ersten Einsatzes zum Kriegsbeginn am 1. September 1939.

Die Rettung von Oberfeldwebel Fritz Dietrich

Frau *Henriette Zeul* aus Neuenhaßlau erinnert sich:
„Herr Dietrich kam mit seinem Fallschirm unweit der brennenden Flugzeugwrackteile zur Erde. Das Flugzeug war in der ‚Maishecke' hinter dem Friedhof zerschellt. Dietrich befreite sich von seinem Fallschirm und robbte hinter einen Haufen mit Runkel-

rüben. Dort fand ihn Jean Schneider, der das Unglück aus nächster Nähe selbst beobachtet hatte. Herr Schneider wohnte im Bahnwärterhaus – Posten 27 – an der Eisenbahnstrecke Frankfurt-Bebra. Mit den abgeschnittenen Fallschirmschnüren band er Oberfedwebel Dietrich die verletzten Beine ab. Adam Krekel vom Roten Kreuz und ich als Laienhelferin leisteten Erste Hilfe. Wir schienten die Beine und verbanden die Arme des Schwerverletzten. Danach brachten wir ihn mit Unterstützung einiger herbeigeeilter Männer in das Wohnzimmer der Familie Wilhelm Betz, Hauptstraße 55. Sie betrieben dort damals ein Milchgeschäft.
Von hier aus wurde Herr Dietrich von einem Sanitätsfahrzeug des Fliegerhorstes Langendiebach abgeholt. Wo sie ihn hinbrachten, erfuhren wir nicht."

Wiedersehen nach 49 Jahren

49 Jahre mußten vorübergehen, bis *Fritz Dietrich* sich bei seiner Retterin von damals persönlich bedanken konnte. Und das kam so – Frau *Henriette Zeul* erinnert sich:
"Herr Dietrich wollte schon immer einmal nach Neuenhaßlau, aber er nahm Rücksicht auf seine Frau. Sie wollte es einfach nicht. 'Da, wo Du so Schreckliches erlebt hast, da bringst Du mich nicht hin', hatte sie immer wieder gesagt. Und Dietrich wiederum wollte nicht ohne seine Frau dorthin fahren.
Erst als seine Frau im Jahre 1993 gestorben war, da sagte er sich: 'Jetzt kann ich das machen!' Er schrieb an die Gemeindeverwaltung von Hasselroth. Diese verwies ihn an Kurt Schäfer vom Heimat- und Geschichtsverein. Herr Dietrich rief daraufhin Kurt Schäfer an und sie verabredeten sich. Nachdem Fritz Dietrich seine Tochter im Schwarzwald besucht hatte, wollte er auf der Rückfahrt in Neuenhaßlau Station machen. Kurt Schäfer, der immer einen grünen Hut und einen grünen Anzug trug, gab diese äußeren Kennzeichen als Merkmale für die erste Begegnung an, und erwartete ihn auf dem Hanauer Hauptbahnhof. Es klappte alles prima mit der Erkennung. Und wie es der Zufall wollte, traf zum gleichen Zeitpunkt in Hanau ein Zug aus Fulda ein. Es entstieg ihm eine Frau aus Romberg in der Rhön. Herr Dietrich hatte sie vor 2-3 Jahren wiedergesehen. Sie hatte gegen Kriegsende auf dem Flugplatz in Kitzingen in der Schreibstube gearbeitet und die Flugbefehle für die Fliegereinsätze ausgestellt.
Nach der Begrüßung fuhren sie jetzt zu dritt nach Neuenhaßlau. Natürlich ging es zum Friedhof zu den Gräbern von Max Rosenbaum und Edwin Hübner. Sie sind früher von einem Mann aus Neuenhaßlau privat gepflegt worden; als er verstorben war über-

nahm Kurt Schäfer die Pflege der Gräber. Er hatte damals eine Gärtnerei.

Während des Friedhofbesuches trafen sie eine ältere Rotkreuzschwester. Herr Schäfer fragte sie im Auftrag von Dietrich nach einer Kollegin aus der damaligen Zeit. 'Das waren Laienhelferinnen beim DRK', sagte sie. 'Fragt doch die Jette! Die war damals dabei'. Also verabredeten wir uns alle zum Kaffeetrinken.

Ich muß sagen, ich erkannte ihn nicht wieder, denn damals nach dem Flugzeugabsturz war sein ganzes Gesicht verbrannt und schwarz. Und während wir unsere Erinnerungen austauschten, sagte er immer wieder während ich die Geschichte vom Absturz und seiner Rettung erzählte: 'Genau, so war's, habt ihr's gehört, genauso war's!'"

Einmarsch der Amerikaner und Zusammenbruch Ende März 1945

Die Lage wurde im Kinzigtal immer brenzliger. Häufigere Tieffliegerangriffe kündigten allmählich das Ende des Zweiten Weltkrieges an. Einige Zeitzeugen berichten auf den folgenden Seiten von ihren Beobachtungen und Erlebnissen.

Bergungskommando in Niedermittlau

„*Gegen Kriegsende, als die Luftkämpfe über dem Kinzigtal ihren Höhepunkt erreichten, war in Niedermittlau ein Bergungskommando stationiert. Es hatte die Aufgabe, die Piloten zu bergen sowie die abgeschossenen Flugzeuge zu überprüfen und sicherzustellen,*" erinnert sich Frau *Wilhelmine Böhmer* aus Rothenbergen.

Vierlingsflak sollte Luftraum schützen

Herr *Alfred Leidig* aus Rothenbergen berichtet: „*Links auf der Anhöhe am Ortsausgang von Rothenbergen in Richtung Lieblos stand eine deutsche Vierlingsflak. Eine ähnliche, auf einem Drehkranz montiert, war am Schießstand des Fliegerhorstes in Stellung gebracht worden. Sie sollte den Flugplatz durch Schutzfeuer bei Tieffliegerangriffen schützen. Die Wirkung dieser Geschütze war allerdings äußerst bescheiden. Es war kaum möglich, feindliche Jäger damit zu beeindrucken oder gar von einem Angriff abzuhalten.*

Außerdem konnte nur tagsüber geschossen werden, da die Flakstellung nicht mit einem Scheinwerfer ausgerüstet war.

Weitere Flugzeugabstürze

An der ‚Geismühle' zwischen Niedergründau und Langenselbold ist eine englische oder kanadische Maschine abgestürzt.
Im Loh, oberhalb der Abtshecke, fiel eine viermotorische englische Maschine vom Himmel. Das Heckteil mit Leitwerk und ein Stück vom Rumpf lagen an der Frankfurter Straße (an der B 40). Der Pilot kam beim Absturz ums Leben."

Beschuß des Tanklagers Neuenhaßlau

Frau *Henriette Zeul* aus Neuenhaßlau erzählt: *"Da wo heute das Übergangswohnheim für Aussiedler in Neuenhaßlau steht, war unmittelbar nach dem Krieg das Hanauer Stadtkrankenhaus ausgelagert. Vor und während des Krieges befand sich hier ein großes Tanklager, das die Fliegerhorste in Langendiebach und Rothenbergen mit Flugbenzin belieferte. Vom Bahnhof Langenselbold führte aus diesem Grund ein Gleißanschluß nach Neuenhaßlau.*
Kurz vor Kriegsende (18.11.44) wurde das Tanklager von den Aliierten mit Luftminen beschossen. Die umliegenden Häuser wurden dabei stark beschädigt und die Dächer teilweise abgedeckt.
Karl Stichel aus Neuenhaßlau, der sich gerade im Wald beim Holzfällen aufhielt, wurde von einem Granatsplitter getötet, als die Amerikaner gleichzeitig auch die Bahnlinie zum Tanklager bombardierten."

Während der Lokführerprüfung erschossen

Frau Zeul weiß weiter von einem Tieffliegerangriff auf einen Militärzug am 19. März 1945 zu berichten. *"Der Zug, der für Nachschub sorgen sollte, rollte aus dem Gelnhäuser Bahnhof in Richtung Haitz hinaus, da wurde er von amerikanischen Tieffliegern angegriffen. Der damals 34jährige Wilhelm Schießer sollte an diesem Tag gerade seine Lokführerprüfung absolvieren und befand sich zusammen mit dem Lokführer im Führerhaus der Dampflokomotive. Seine Dienstzeit hatte an diesem Tage mittags um 13 Uhr begonnen.*
Plötzlich, etwa gegen 17 Uhr, griffen Tiefflieger den Zug an. Schießer bekam höllische Angst, sprang von der Lok herunter und wollte

**Bei Gelnhausen
ein Lazarettzug angegriffen**
Tieffliegerangriffe im gesamten Gaugebiet

nsg. Am vergangenen Sonnabend und Sonntag erlebte das Rhein-Main-Gebiet das nun bereits gewohnte Bild veranstalteter Menschenjagden durch feindliche Jagdbomber. Aus mehreren Kreisen des Gaues werden Tieffliegerangriffe mit Bordwaffenbeschuß auf Einzelziele gemeldet. Die Bevölkerung hatte drei Gefallene und sechs Verwundete als Opfer zu beklagen.

Eine besonders infame Tat leisteten sich feindliche Jagdbomber, als sie im Kreise Gelnhausen einen deutlich gekennzeichneten Lazarettzug mit Bordwaffen angriffen. Dem feigen Ueberfall fiel ein Verwundeter zum Opfer, acht weitere Verwundete wurden nochmals schwer oder leicht verwundet.

In einer Meldung am 21.11.1944 berichtet die "Kinzig-Wacht" von einem Tieffliegerangriff auf einen Lazarettzug in Gelnhausen. Diese Darstellung muß zumindest angezweifelt werden, da es sich vermutlich ebenfalls um einen Militärtransport gehandelt haben könnte. Über zivile Opfer wurde von der "Kinzig-Wacht" in der Regel nicht oder nur kaum berichtet, da man die Bevölkerung nicht über die wahre Kriegslage aufklären wollte.

GELNHAUSEN

Luftgangster am Werk

• Das Kreispresseamt teilt mit: Am Freitag, 2. Februar, griffen feindliche Terrorflieger im Tiefangriff das Stadtgebiet von Gelnhausen an. Durch Bombenabwürfe und Bordwaffenbeschuß entstanden Schäden an Wohnhäusern. Aus der Bevölkerung wurden zwei Personen getötet.

Am 7. Februar 1945 berichten die beiden nationalsozialistischen Zeitungen „Kinzig-Wacht" und „Hanauer Zeitung" in einer Kurzmeldung unter „Luftgangster am Werk" von feindlichen Bombenabwürfen und Tieffliegerbeschuß im Gelnhäuser Stadtgebiet.

neben dem Bahndamm in Deckung gehen. Das war sein tödliches Verhängnis. Er wurde von einem Geschoß getroffen und starb. Der Lokführer blieb unverletzt, weil er die Lokomotive nicht verlassen hatte."

Rothenberger sterben im Kugelhagel der Tiefflieger

Frau *Minna Belzner* aus Rothenbergen arbeitete als junge Frau in der Schneiderei des Fliegerhorstes. Dort lernte sie auch ihren Mann Ludwig kennen, der zwischen 1939 und 1942 als Segelfluglehrer auf dem Flugplatz tätig war. Sie berichtet:
*„Am Hang oberhalb des Bunkers an der Frankfurter Straße standen Notbehelfshäuser, die sogenannte Sperlingslust. Bei Fliegeralarm brachte sich die Flugplatzbesatzung dorthin in Sicherheit, weil die amerikanischen Tiefflieger in der Regel nicht auf Wohnhäuser schossen. Der Bunker diente der Zivilbevölkerung kurz vor Kriegsende als Schutz vor Fliegerangriffen und vor Granateinschlägen.
Ich erinnere mich noch genau daran, daß in der Frankfurter Straße während eines amerikanischen Fliegerangriffes einige deutsche Armeefahrzeuge standen. Die Tiefflieger haben auf die Fahrzeuge geschossen und sie teilweise zerstört. Das wäre aber nicht so schlimm gewesen. Was viel furchtbarer war, daß dabei auch Rothenberger ihr Leben lassen mußten, weil sie von den Geschossen ebenfalls getroffen wurden. Eine Frau wurde schwer verletzt. Im Hof der Landwirtschaft Schleucher lagen getötete oder angeschossene Pferde und Kühe herum. Die verletzten Tiere schrien fürchterlich.
Im Bunker hat Dr. Roskopf in einem Behandlungszimmer praktiziert. Er betreute dort auch medizinisch die Soldaten und Flieger des Horstes. Ein Teil der Rothenberger Einwohner brachte sich kurz vor dem amerikanischen Einmarsch im Bunker in Sicherheit. Am Eingang hißten sie ein weißes Bettuch als Zeichen der Kapitulation. Den Fliegerhorst hatten die deutschen Soldaten vor dem Verlassen in Brand gesetzt und sich dann kinzigaufwärts zurückgezogen."*

Einmarsch der Amerikaner am Karfreitag 1945

Beim Herannahen der amerikanischen Truppen aus westlicher Richtung Ende März 1945 wurde der Fliegerhorst von den deutschen Restmilitärs in sinnloser Weise durch das Legen von Bränden zum überwiegenden Teil zerstört.

135

Während des Vormarsches ins Kinzigtal hatten die Amerikaner relativ große Verluste an Kriegsgerät. Noch lange Zeit nach Kriegsende lagen an der Abtshecke zahlreiche ausgebrannte Panzer.

Am 30. März 1945 (Karfreitag) wurde Rothenbergen von den Amerikanern eingenommen. Leider blieben die Kampfhandlungen nicht ohne Folgen, denn durch Granatsplitter der Panzer-Artillerie kamen zwei Mädchen, Inge Zier (15 Jahre) und Gertrud Hopf (17 Jahre) und zwei aus Frankfurt evakuierte Eheleute mit Namen Makulski ums Leben. Frau Katharina Dressbach, geb. Kalbfleisch, starb im Alter von 59 Jahren am 3. April 1945 an den Folgen ihrer schweren Verletzungen.

Frau *Elisabeth Gutzke* aus Rothenbergen erlebte die letzten Tage bis zum Einmarsch der Amerikaner in der Frankfurter Straße:

„Kurz vor Kriegsende wurde der Bunker ausgeräumt. Dazu standen auf unserem Hof für den Abtransport der militärischen Einrichtungen deutsche Armeelastwagen. Die amerikanische Luftwaffe hat allerdings von der Aktion ‚Wind bekommen', denn während der Bunkerräumung griffen plötzlich Tiefflieger an. Sie haben unser Haus in Brand geschossen.

Bei weiteren Tieffliegerangriffen ist die Tochter der Hebamme, Frau Zier, ums Leben gekommen. Ich erinnere mich an einen weiteren Vorfall: In der Frankfurter Straße gegenüber vom Saal des Gasthauses „Zum Faß" lag eine schwerverletzte Frau. Die Amerikaner sahen während des Einmarsches die Frau auf der Straße liegen und brachten sie sofort in ein Militärhospital. Weder die Angehörigen, noch ein anderer Rothenberger wußten, wo sie abgeblieben war. Erst viel später erfuhr die Familie vom Aufenthalt der schwerverletzten Frau. Sie konnte sich nicht mehr von den Schußverletzungen erholen und verstarb wenig später."

Wegen Fahrrad im März 1945 in Lebensgefahr

Frau *Gertrud Kempf* aus Freigericht-Bernbach machte sich kurz vor dem Einmarsch der Amerikaner in Richtung des Rothenberger Fliegerhorstes auf den Weg. Warum? Das erzählt sie an dieser Stelle:

„Als Ende März die deutschen Soldaten auf dem Rückzug vor den heranrückenden Amerikanern waren, da dachten meine Schwester und ich, wir fahren schnell mit einem Fahrrad auf den Flugplatz nach Rothenbergen und bringen das Fahrrad unseres Bruders Theodor in Sicherheit. Den Amerikanern sollte das Rad wirklich nicht

in die Hände fallen. Also fuhren wir von Bernbach aus übers Feld in Richtung Fliegerhorst. Mein Gott, waren wir damals leichtsinnig!"

Frau *Gertrud Kempf*, damals 23 Jahre alt, erinnert sich: „*Meine Schwester Brigitte und ich dachten, daß der Fliegerhorst bereits von den Deutschen geräumt sei. Unser Bruder, Theodor Franz, war dort Soldat und als Funker tätig. Als wir uns dem Flugplatz näherten, sahen wir von weitem den Rauch aufsteigen; alles brannte. Wir dachten, da ist keiner mehr da! Doch wir irrten! Als wir auf der Suche nach dem Fahrrad waren, entdeckten wir unseren Bruder im Funkbunker. Er hatte Befehl, beharrlich die Stellung zu halten. Wir sagten ihm, er sei verrückt und möge doch mit uns nach Hause kommen. Hier werde er nicht mehr vermißt. Er versprach uns, später nachzukommen.*

Er gab uns sein Fahrrad mit und wir machten uns so schnell es ging wieder ‚aus dem Staub'. Wir hatten Angst! Von fern konnten wir schon den Kanonendonner der Amerikaner hören.

Daheim haben wir gewartet und gewartet. Doch unser Bruder kam nicht! Später haben wir erfahren, daß er von einem Feldwebel mit Namen Pothast mitgenommen wurde. Monate später kam er dann doch endlich heim.

Am Karfreitag 1945 rückten die Amerikaner in Bernbach ein. Sie haben zunächst um sich geschossen, weil sich wegen der Munitionsbunker noch viele deutschen Soldaten im Ort aufhielten. Wir hatten Angst, ganz Bernbach würde in die Luft fliegen! Bei den Schußwechseln kam eine Frau aus Bernbach ums Leben, weil sie aus dem Fenster geschaut hatte. Am Karsamstag hatten die Amerikaner schließlich alle deutschen Soldaten entwaffnet."

Deutsche Soldaten schossen noch zurück

Alfred Leidig erinnert sich an den Einmarsch in Rothenbergen: *Der amerikanische Kommandant der vordersten Truppenteile hieß Phillips. Dessen Eltern stammten aus Schlierbach und waren in die USA ausgewandert. Als die Amerikaner den Flugplatz besetzt hatten, nahmen sie als Siegestrophäen alles mit, was ein Hakenkreuz hatte: Bilder, Orden und Ehrenzeichen. Die Kinder erhielten Kaugummi, die Jugendlichen auch schon einmal Zigaretten.*

Auf dem Herzberg oberhalb von Lieblos standen deutsche Geschütze, die Soldaten hatten sich dort teilweise eingebunkert. Sie feuerten vom Berg herab in Richtung Rothenbergen. Die Amerikaner schossen mit ihren Panzerkanonen zurück."

Das Ende – der Fliegerhorst zerstört und ein einziger Trümmerhaufen; davor ein Schild der Amerikaner: Of Limits – Betreten verboten.

Alles in Schutt und Asche

Alles war zerstört. Qualmwolken lagen über dem Kinzigtal. Die Barbarei eines Diktators hatte ihr Ende gefunden. Die deutschen Großstädte lagen in Schutt und Asche. Viele Menschen besaßen nur noch das, was sie auf dem Leib trugen. Hunger, Not und Elend machten sich breit. Flüchtlinge und Vertriebene verloren ihre Heimat.

In Rothenbergen war das alles noch ganz glimpflich abgegangen. Und dennoch, wieviel der hier ausgebildeten Piloten haben auf den Schlachtfeldern in Europa ihr junges Leben lassen müssen? Die Antwort ist kurz und einfach: Zu viele!

Firma Wibau auf dem Flugplatzgelände

Auf dem Flugplatzgelände in Rothenbergen entstand am 1. April 1945 die Firma Wibau, ein Unternehmen, das Straßenbauanlagen produzierte. Firmenchef *Dipl. Ing. Matthias* entwickelte seine Firma zu einem Weltunternehmen in seiner

Branche. Mit dem Zweigwerk in Steinau beschäftigte das Werk teilweise über 1000 Arbeitnehmerinnen und Arbeitnehmer. Aber auch unternehmerische Erfolge sind vergänglich. Der Wandel der Zeit macht auch vor ihnen nicht halt.

An den ehemaligen Fliegerhorst der Nationalsozialisten erinnern noch einige wenige Gebäude. Es sollten ständige Denkmäler an eine Zeit sein, die wir hoffentlich alle miteinander nicht mehr erleben müssen. Wenn diese Erkenntnis beim Lesen und beim Betrachten der Bilder gereift ist, dann hat sich das Schreiben dieses Buches gelohnt.

Nach dem Einmarsch hißten die Amerikaner ihre Flagge auf dem zerstörten Fliegerhorst Gelnhausen-Rothenbergen.

Luftaufnahme aus dem Jahre 1972. Zwei Fachwerkhäuser in der Bildmitte und unterhalb des Flachbaues des heutigen „Berufsbildungswerkes des Main-Kinzig-Kreises" (BBZ) erinnern an den ehemaligen Fliegerhorst Gelnhausen-Rothenbergen.

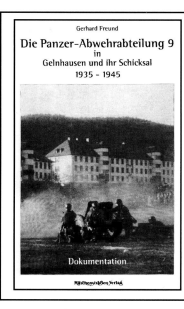

Die Panzer-Abwehrabteilung 9
in Gelnhausen und ihr Schicksal, 1935-1945

von Gerhard Freund

Spannende Dokumentation über den Kasernenbau in Gelnhausen und das Schicksal der Soldaten im Zweiten Weltkrieg.

Großformatiger Bildband, 152 Seiten mit über 170 Fotos, 5 Übersichtskarten, ein Lageplan.
- **Preis 24,90 € + 2,00 € Versand innerhalb Deutschlands -**
Erhältlich in allen Buchhandlungen oder direkt im Märchenstraßen-Verlag, 36396 Steinau, Ostendstraße 10, Tel. 06663-6218 oder Fax 918107 oder über Gerhard.Freund@t-online.de

Literaturhinweis:

Fliegerhorste und Einsatzhäfen der Luftwaffe, Planskizzen 1935-1945 von Karl Ries und Wolfgang Dierich, Motorbuch-Verlag.

Der einstige Fliegerhorst Rothenbergen *„denn sie flogen gegen Lettgenbrunn!"* von Georg Rösch, Aufsatz im Heimatjahrbuch des Kreises Gelnhausen aus dem Jahre 1966.

Aufzeichnungen und Unterlagen des Museums für Flugzeugtechnik und Geschichte, einschließlich der Hefte über den Fliegerhorst Gelnhausen-Rothenbergen, Friedhelm Wagner, Heylstraße 28, Gelnhausen-Hailer.

Die Wegscheide bei Bad Orb, ein Spiegel deutscher Geschichte seit 1900, Dokumentation von Karl-Otto Herd und Jutta Sell, Hessisches Institut für Lehrerfortbildung, Außenstelle Bruchköbel.

Deutsche Flugzeugführerschulen und ihre Maschinen 1919-1945, von Karl Ries, Motorbuch-Verlag, Stuttgart 1988.

Das Buch der Deutschen Fluggeschichte, Band 3, von Georg Brütting, Drei Brunnen Verlag, Stuttgart 1979.

Die Deutsche Luftrüstung 1933-1945 von Heinz J. Nowarra, Band 1-4, Bernhard & Graefe Verlag, Koblenz 1985.

Die Ausbildung am Tragschrauber FA-330 „Bachstelze" von Fredi Lang, AERO, Monatszeitschrift für das gesamte Flugwesen, Heft 3 im März 1952.

Raketenjäger Me 163 von Mano Ziegler, Motor Presse Verlag, Stuttgart, 2. Auflage 1961.

Nachstehende Personen und Familien haben diese Dokumentation als Zeitzeugen oder durch die Bereitstellung von Dokumenten und Bildmaterial unterstützt:

Frau	Meta	Bechtel	Gründau-Rothenbergen
Frau	Minna	Belzner	Gründau-Rothenbergen
Herr	Karl-Heinz	Bertholdt	Gründau-Rothenbergen
Frau	Wilhelmine	Böhmer	Gründau-Rothenbergen
Herr	Rolf	Eiermann	Niederstetten
Frau	Liesel	Finnern	Gründau-Rothenbergen
Herr	Heinrich	Georg	Brachttal-Untersotzbach
Frau	Gertrud	Göbel	Gründau-Breitenborn
Herr	Horst	Günther	Gelnhausen
Herr	Jürgen	Gutzke	Gründau-Rothenbergen
Familie	Helmut	Hargens	Gründau-Rothenbergen
Herr	Walter	Hasenbein	Neu-Isenburg-Zeppelinheim
Herr	Matthias	Hoffmann	Gründau-Rothenbergen
Frau	Edith	Höltgen	Krefeld
Frau	Ilse	Hühn	Gründau-Rothenbergen
Frau	Magdalene	Kauffeld	Linsengericht-Eidengesäß
Frau	Marie	Kern	Gründau-Rothenbergen
Herr	Karl-Ernst	Keß	Bad Kissingen
Frau	Greta	Köhler	Gründau-Rothenbergen
Herrn	Rolf	Kötter	Linsengericht-Altenhaßlau
Herr	Klaus	Kuka	Freigericht-Horbach
Herr	Alfred	Leidig	Gründau-Rothenbergen
Herr	Martin	Ludwig	Gründau-Rothenbergen
Frau	Sofie	Niemeyer	Gründau-Rothenbergen
Frau	Marie	Rein	Gründau-Rothenbergen
Herr	Heinrich	Reußwig	Hasselroth-Gondsroth
Herr	Eckard	Sauer	Gründau-Breitenborn
Frau	Helga	Schneevogel	Gelnhausen
Frau	Frieda	Schubert	Gründau-Rothenbergen
Frau	Maria	Schulz	Gründau-Rothenbergen
Herr	Dietrich	Schwacke	Gelnhausen
Herr	Hans-Joachim	Senssfelder	Wächtersbach
Familie	Helmut	Siegert	Gründau-Rothenbergen
Herr	Günther	Kalbfleisch	Stadtarchiv Gelnhausen
Frau	Carola	Steimer	Gründau-Rothenbergen
Frau	Elisabeth	Stradtmann	Gründau-Lieblos
Herr	Klaus	von Berg	Gründau-Lieblos
Herr	Friedhelm	Wagner	Gelnhausen-Hailer
Frau	Henriette	Zeul	Hasselroth-Neuenhaßlau

Für das Lektorat sei Herrn Hubert Kirsch aus Erlensee herzlichst gedankt.

Der Verlag dankt der Gemeinde Gründau für ihre Unterstützung bei der Vorstellung und Herausgabe dieser Dokumentation.

Vorwort **3**

Der Fliegerhorst Gelnhausen-Rothenbergen **6**
Tarnobjekt: „Deutsche Verkehrs-Fliegerschule in Rothenbergen" 6
Bombenabwurfplatz Bad Orb 7
Trockenlegen der Kinzigwiesen für das Flugfeld 8
Der Fliegerhorst Gelnhausen-Rothenbergen ist fertiggestellt 9
Authentischer Übersichtsplan des Fliegerhorstes Gelnhausen-Rothenbergen 15
Erste Schießübungen bei Lettgenbrunn-Villbach 16

Große Herbstmanöver im Jahr 1936 – Hitler auch im Kinzigtal **18**
Bomberpiloten üben zielsicheren Abwurf 20
Die jungen Piloten riskierten Kopf und Kragen 21
General Sperrle schlägt sein Hauptquartier in Bad Orb auf 23

Flugzeugunfälle auf dem Horst **23**
Ju 86 raste beim Start in eine Baubude 23
Tanklager in Neuenhaßlau 27

Flugzeuge He 111 stürzt mit tödlicher Fracht in die Gelnhäuser Altstadt **27**
Nach dem Start Motorschaden 27
Retter eilen zur Unfallstelle 29
Sechs Tote und zahlreiche Verletzte 30
Schauspielerin an Nase und Kinn verletzt 33
Retter und Helfer schweben ständig in Lebensgefahr 34
Insgesamt 90 Personen obdachlos 35
Augenzeugen berichten 36

Rothenbergen als „Leithorst" für Nachbarflugplätze **37**
Die Horst-Kommandanten in Rothenbergen 37
Die Horstkompanie und ihre Standortverwaltung 40
Die Honiglust... kein Objekt zum Schlecken 41
Versorgung durch eigene Landwirtschaft 43
Trügerischer „Erholungsurlaub" für Flieger 45
Verfolgung politisch Andersdenkender 45

Errichtung einer Segelflugschule im Jahre 1942 .... **50**
Fluglehrerausbildung in Rothenbergen 51
Die Segelfliegerausbildung und ihre militärische Bedeutung 52
Leitung der Segelflugschule 58
Flugzeuge der Segelflugschule 59
Reparaturwerkstätten 64
Junger Leutnant als Kunstflieger 65
Ab Juli 1994 bereits akuter Treibstoffmangel 66
Pilotenausbildung ohne Rücksicht auf Verluste 66

Amerikanischer Fliegerangriff auf den Fliegerhorst am 5. September 1944 .... **69**
Segler und Motorflugzeuge standen im Zirkuszelt 70
Segelflieger mit Leuchtraketen vor dem Tiefffliegerangriff gewarnt 70
Militärisches Nachspiel wegen unterlassener Tarnung 72
Flugzeuge nachts in Waldschneise geparkt 73

Bunkerbau an der Frankfurter Straße **74**
Kriegsgefangene aus den Hetternheimer Metallwerken 75
Mit Pickel und Schaufel gegen Felsgestein 76
Endlich gezielte Sprengung 76
Methodisten-Kirche als Tarnung 77
Luftgaukommando unter General von Arnim bei Alarm im Bunker 78
Bunker heute aus Sicherheitsgründen gesperrt 79

Vom Matrosen zum „Bachstelzenflieger" **81**
Englischer Geheimdienst wunderte sich 81
U-Boot-Marinesoldaten lernen in Rothenbergen das Fliegen 82
Technische Daten und Produktion der Fa 330 „Bachstelze" 83
Entwicklung des Tragschraubers Fa 330 Focke-Achgelis 84
Die Ausbildung vom U-Bootfahrer zum „Bachstelzenflieger" 85
Grundausbildung vom Matrosen zum Segelflugzeugführer in Rothenbergen 85
Sonderkommando „M" in der Segelflugausbildungsstelle 12/13
Gelnhausen-Rothenbergen 87
Ausbildung in Rothenbergen: Geheime Kommandosache 89
Konstruktion und Erprobung 92
Fessel- und Schleppflug auf der Autobahn bei Bautzen 95
Schulung auf dem Ijsselmeer in Holland 96
Ausbildungsablauf und Standorte 98
Kriegseinsatz der Bachstelze Fa 330 99
In Rothenbergen ausgebildete Bachstelzenpiloten 101

Vom Stummelhabicht zur Me 163 .... **102**
Entwicklung und Einsatz des ersten Raketenjägers 102
Geheime Ausbildung auf dem Stummelhabicht in Rothenbergen 103
Karl-Ernst Keß fliegt die Me 163 A 104
Testflieger mit der V 1 – Reichenberg – über der Mecklenburgischen Seenplatte 106
Karl-Ernst Keß lernt 1945 Wernher von Braun kennen 106
Zur Person: Karl-Ernst Keß 107

Abstürze und Notlandungen im Kinzigtal in der Zeit zwischen 1939 und 1945 .... **109**
Absturz einer einmotorigen We 34 am Waschweiher 112
Absturz einer Ju 88 in den fürstlichen Wald 114
„Eagle's Wrath" stürzt brennend auf Lieblos 114
Absturz einer Militärmaschine des Types Ju 88 in der Gemarkung Untersotzbach ... 119
Der Tod kam am „Franzosenkopf" 120

143

Einseitiger Luftkampf über dem Kinzigtal 121
Deutsche Abfangjäger standen am 18.11.1944 auf verlorenem Posten 121
Eidengesäß war in Aufruhr.. 122
Flugzeug blieb in Baumkrone hängen 123
Der Fliegertod kam im Breitenborner Wald 125

Deutscher Düsenjäger stürzt in Waldweg bei Meerholz 126
Hitlers Blitzbomberstrategie eine Fehlentscheidung 127

Über Neuenhaßlau abgeschossen 128
Fritz Dietrich überlebte den Absturz als Einziger 128
Die Rettung von Oberfeldwebel Fritz Dietrich 131
Wiedersehen nach 49 Jahren 132

Einmarsch der Amerikaner und Zusammenbruch Ende März 1945 133
Bergungskommando in Niedermittlau 133
Vierlingsflak sollte Luftraum schützen.. 133
Weitere Flugzeugabstürze 134
Beschuß des Tanklagers Neuenhaßlau 134
Während der Lokführerprüfung erschossen 134
Rothenberger sterben im Kugelhagel der Tiefflieger 135
Einmarsch der Amerikaner am Karfreitag 1945 135
Wegen Fahrrad im März 1945 in Lebensgefahr 136
Deutsche Soldaten schossen noch zurück 137
Alles in Schutt und Asche 138
Firma Wibau auf dem Flugplatzgelände 138

Literaturhinweis 140
Zeitzeugen und Personen, die diese Dokumentation unterstützten................................ 141
Inhaltsverzeichnis.. 142